選擇不抱怨
拒當顧人怨

Choose
Not To Complain

人生視野：55

選擇不抱怨，拒當顧人怨！

編著 朱永綸
出版者 大拓文化事業有限公司
執行編輯 林美玲
美術編輯 蕭佩玲

總經銷 永續圖書有限公司
劃撥帳號 18669219
地址 22103 新北市汐止區大同路三段一九十四號九樓之一
TEL （〇二）八六四七—三六六三
FAX （〇二）八六四七—三六六〇
E-mail yungjiuh@ms45.hinet.net
網址 www.foreverbooks.com.tw

CVS代理 美璟文化有限公司
TEL （〇二）二七二三—九九六八
FAX （〇二）二七二三—九六六八

法律顧問 方圓法律事務所 涂成樞律師

出版日◇二〇一五年十一月

國家圖書館出版品預行編目資料

選擇不抱怨，拒當顧人怨！ / 朱永綸編著. -- 初版.
-- 新北市 : 大拓文化, 民104.11
面 ; 公分. -- (人生視野系列 ; 55)
ISBN 978-986-411-018-6(平裝)
1. 修身 2. 生活指導
192.8 104018606

前言

你有沒有注意到自己抱怨的語言結構？你經常說：

「為什麼我父母不是富翁？」

「為什麼老闆沒有讓我升遷？」

「為什麼我不能受到更多的關愛？」

「為什麼我沒有做到？」

「為什麼沒人告訴我應該這樣做？」

「為什麼我就是找不到愛我的人？」

……

所有這些「為什麼」對你所產生的影響之大，它們控制了你的心態和情緒，讓你把生命裡大部分的精力和時間都放在這樣的抱怨之中，這樣長久下去只會加深你害怕自己是一個無價值、無力量、無用的人的恐懼。

現在，你可以嘗試用「如何」來替換它們，使自己充滿熱情和挑戰，例如你可以問自己：「我如何才能做到？」「我如何才能讓老闆給我升遷？」等等。

如果想放棄抱怨，就必須學會如何憑藉意志力重組你的經驗。如果你能把消極負面的情況當成是正面的機會，那麼你就對自己的生命取得了掌控的權利。去注意半杯水中有水的一半吧，別老盯著空的半杯。

在生活中，要學會不再問「為什麼」而是開始問「如何」——「我如何將親身經歷變成一種好的力量，變成一種不僅能幫助我自己也能幫助他人的力量？」

「我如何能夠不受痛苦？」

「我如何能發揮自己的能力、優點和成就？」

有什麼樣的問題，就有什麼樣的人生。

從現在開始要記住：不要抱怨別人，不要抱怨環境；你無法改變環境，就改

變自己；你改變不了過去，就努力改變未來。

把「為什麼」轉變成為「如何」，能夠給你超過你所想像的更有建設性、更愉悅的人生。

前言

Part 1 寬容豁達的心態

一個人只有豁達、寬容，學會忍讓，避免偏見，才能接受別人，善於與他人相處，自己也會更容易為別人所接受。

Part 2 知足常樂的心態

如果我們僅僅想獲得幸福，那很容易實現。但，我們希望比別人更幸福，就會感到很難實現，因為我們對於別人幸福的想像總是超過實際情形。生活中的許多煩惱都源於我們盲目和別人比較，而忘了享受自己的生活。

Part 3 謙卑的心態

謙卑在中國人看來既是一種策略，又是一種處世態度，更是一種美德。懂得謙卑的人，往往能得到別人的友善和關照，進而為將來事業的成功打下良好基礎。

CONTENTS

Part 4 樂觀的心態

具有樂觀精神的人，無論處在什麼樣的環境中真的不重要。在生活中，別老看那不好的一面，擺正目光的焦點，丟掉過去的包袱，改變思想，才能改變你的一生。

Part 5 泰然自若的心態

別人對你不信任和有意疏遠你的時候，要能夠默默地去忍受暫時的孤獨，捕捉人生的真正意義。

CONTENTS

Part 6

健康的心態

有了健康的心態，一個人就能對社會、對人生、對世界上的萬事萬物持正確的認識，並能採取適當的態度和行為反應。

Part 1

寬容豁達的心態

寬容就是以善意去寬待有著各種缺點的人們。因其寬廣而容納了狹隘，因其寬廣顯得大度而感人。豁達是一種博大的胸懷、超然灑脫的態度，也是人類個性最高的境界之一。

吃虧就是占便宜

一八六三年一月八日，恩格斯懷著十分悲痛的心情，把妻子病逝的消息，寫信告訴馬克思。

過了兩天，他收到了馬克思的回信。信的開頭寫道：「關於瑪麗的噩耗使我感到極為意外，也極為震驚。」接著，筆鋒一轉，就說自己陷於怎樣的困境。再來，也沒有什麼安慰的話。

「太不像話了！這麼冷冰冰的態度，哪像是二十年的老朋友！」恩格斯看完信，越想越生氣。過了幾天，他寫了一封信給馬克思，發了一肚子火，最後乾脆寫上：「那就聽便吧！」

「二十年的友誼發生裂痕！」看了恩格斯的信，馬克思的心裡像壓了一塊大石頭那樣沉重。他感到自己寫那封信是個大錯，而現在又不是馬上能解釋得清楚的時候。過了十天，他想老朋友應該「冷靜」一些了，就寫信認錯，解釋了情況，表白了自己的心情。

坦率和真誠，使友誼的裂痕彌合了，疙瘩解開了。恩格斯在接到馬克思來信之後，以歡快的心情立即回了信。他在信中說：「你最近的這封信已經把前一封信所留下的印象清除了，而且我感到高興的是，我沒有在失去瑪麗的同時又失去自己的好朋友。」

在日常生活中，當自己的利益和別人的利益發生衝突，友誼和利益不可兼得時，首先要考慮採取豁達寬容的態度，捨利取義，寧願自己吃一點虧。鄭板橋曾說過：「吃虧是福。」這絕不是阿Q式的精神安慰，而是一生閱歷的高度概括和總結。

清朝時有兩家鄰居因一道牆的歸屬問題發生爭執，欲打官司。其中一家想求助於在京為大官的親屬張廷玉幫忙。張廷玉沒有出面干涉這件事，只是給家裡寫了一封信，力勸家人放棄爭執，信中有這樣幾句話：「千里求書為道牆，讓他三尺又何妨？萬里長城今猶在，誰見當年秦始皇。」家人聽從了他的話，這下使鄰居也覺得不好意思，兩家終於握手言歡，反而由你死我活的爭執變成了真心實意的謙讓。《菜根譚》中講：「路徑窄處留一步，與人行；滋味濃的減三分，讓人嗜。此是涉世一極樂法。」可謂深得處世的奧妙。

舜敬父愛弟，可他的弟弟象表面看起來敬兄，內心卻總想害死他。有一次他們倆去挖井，舜正在井內時，象突然把井口封死。象以為舜必死，就想打他兩位夫人的主意。於是，他來到舜家裡。不料，舜大難不死，已從井的另一個出口脫身回到家裡。象剛進門，見舜在彈琴，只好尷尬地說：「我正惦記著你呢。」舜只是平靜地說：「多謝你的美意。你真是我的好兄弟，以後你協助我一起管理臣民吧。」舜有如此廣闊的胸懷，是他成一代帝王大業的重要基礎。

林則徐有一句名言：「海納百川，有容乃大。」與人相處，有一分退讓，就受一分益；吃一分虧，就積一分福。

古人說：利人就是利己，虧人就是虧己，讓人就是讓己，害人就是害己。所

以說：君子以讓人為上策。一個人，對於事業上的失敗，能自認這方面的錯誤，就能讓人感德；在有成就時，能讓功於他人，就能讓人感恩。老子說：事業成功了而不能居功。不僅讓功要這樣，對待善也要讓善，對待得也要讓得。凡是壞處就歸於自己，好處都歸於他人。他人得到名，我得他這個人；他人得到利，我得到他這個心。二者之間，輕重怎樣？明眼人一看，就知道分寸了。

讓人為上，吃虧是福。所以曾國藩說：「敬以持躬，讓以待。敬就要小心翼翼，事情不分大小，都不敢忽視。讓，就什麼事都留有餘地，有功不獨居，有錯不推諉。念念不忘這兩句話，就能長期履行大任，福祚無量。」古人說：「自謙人們就越服從，自誇人們就越懷疑。我恭敬就可以平人的怒氣，我貪婪就可以引起人們的爭端，這都是在於我的為人而已。」

學會善用面子而不強爭面子

寬容豁達的人善用面子，而不會強爭面子。

心理學研究顯示，正常的人都是很重視面子的。懂得這個道理，求朋友辦事就方便了許多，只要你能放下自己的面子，給朋友一個面子，相信你會獲益匪淺。

朋友相交，要善於利用面子。往朋友臉上貼金，朋友會高興，會感激你。比方說，你有喜事臨門，朋友來向你道賀，你要說：「沾你的光，託你的福。」

即使朋友的所作所為，你有意見，說的時候也要給朋友面子。你總得先說「你的某某事做得很好，效果、反應都不錯」，然後，你再用「就是」、「但是」、「不過」等來做文章。

誰都知道，「但是」後面的才是真正要說的話，但前面的話一定要說，因為它不是假話，也不是廢話，而是為營造一種和諧氣氛的客套話。你若直來直去，對方必然會覺得你不給他面子，心中會大起反感。所以，有時場面的話少不了。給面子要給的恰當，不恰當就是不給面子。如果被請之人面子很大，而又未受到應有的待遇，則成了極傷面子的事情。

假如你在交際的過程中，不僅沒能讓朋友欠你個人情，反而傷了人家的面子，那麼，你還得學會補償。

倘若你的傷害是無意的，傷害的程度又不大，這時，你立即去補償，一般都能化解矛盾，不致釀成大禍。怎麼補呢？

一是趕緊說對不起，趕緊降下身分，將自己的面子放到一邊。

二是如果對方的面子本來就大，便只好自己「打耳光」，罵自己有眼不識泰山。總之，是以貶損自己，來相應的抬高對方，補償他的面子。

面子像人的衣服一樣，可以遮掩身價。面子可以作偽，但情感卻是真實的。面子有大有小，情感也有深有淺；但情感的大小不以面子的大小為轉移，只以內心的體驗為依據，因而比面子更真實。出於面子而為人辦事，難免敷衍，或盡力不盡心；出於情感而為人辦事，則會盡心盡力，兩肋插刀。所以善用面子，是為了讓朋友欠你個人情，如果這人情是真實的東西，就不怕他辦事不盡心、不盡力。

小不忍則亂大謀

在生活中，為了表現得寬容豁達些，忍，非常重要。古訓就說：「小不忍則亂大謀。」不能忍，就可能自毀前程。

歷史上的韓信能忍，他敢受「胯下之辱」。孫臏能忍，不怕裝瘋賣傻。韓信終成大業，孫臏留下了兵法。

在工作上，人事複雜，有排擠、有羞辱、有指桑罵槐、有代人受過，因此，你免不了要忍氣、忍苦、忍勞、忍怨。困境當中，你不忍就會衝撞別人，給自己的事業造成不必要的麻煩。許多中年人，談起過去的事，都說，那時候太衝動，當時若能忍一忍，現在可能不只是今天這樣而已。

人的一生中會碰到許多不如意，你能忍受第一次苦難、第一次委屈、第一個白眼，你就能控制你的情緒，就能左右你的意志，你也就會進一步走向成熟，這樣才會成就一番大事業。

在社會中畢竟不是自己的家，和人相處，你不能想做什麼就做什麼。

小李大學畢業後，到政府的一個部門工作。有一次他草擬了一份全年工作的進度表，呈給主任看，主任也沒說什麼。可是核准之後，主任卻說，這裡要改，那裡要修，小李認為主任故意要挑他毛病，和主任在辦公室裡就槓上了。最後更是吵得不可開交，臨走時，他把文件往桌上一甩，說：「誰能做你就找誰好了！」

他半年沒有上班，在沒有找到更好的工作後，又透過關係找主任說好話，還好人家大人不記小人過，讓他回去上班，但是再也沒有在工作上重用過他了。待了八年，還只是一個輔助性的工作人員。

李白曾寫過：「安能摧眉折腰事權貴，使我不得開心顏？」但是，你不是天地間的唯一，你只不過是某個單位或者公司裡的一員。所以，你不可能想做什麼就去做什麼。一遇到挫折，就給人臉色看，或說不幹了，你的辭職誰會在意呢？

現在求職的人很多，你前腳剛走，後腳馬上就有人進來遞補你的位子了。

碰到問題就耍個性，這不是解決問題，而是導致衝突。實質上是一種簡單的逃避行為，無論是從眼前和長遠來看，對你的人際關係和未來發展，都是極為不利的。喜歡耍個性，給人一種不能自控的印象，就可能永久不能翻身，而這是做下屬的大忌。要學會忍辱負重，要能夠三思而行，這樣你才會逐漸地擺脫困境。

寬容和諒解他人的缺失

卡萊爾說：「一個偉大的人，以他對待小人物的方式，來表達他的偉大。」

胡佛是一位著名的試飛員，並且常常在航空展覽中表演飛行。一天，他在聖地牙哥航空展覽中表演完畢後飛回洛杉磯。正如《飛行》雜誌所描寫的，在空中三百公尺的高度，兩具引擎突然熄火。由於他熟練的技術，他操縱著飛機著陸，但是飛機嚴重損壞，所幸沒有人受傷。

在迫降之後，胡佛的第一個動作是檢查飛機的燃料。正如他所預料的，他所駕駛的第二次世界大戰時的螺旋槳飛機，居然裝的是噴射機的燃料而不是汽油。

回到機場以後，他要求見見為他保養飛機的機械師，那位年輕的機械師為所犯的錯誤而極為難過。當胡佛走向他的時候，他正淚流滿面。他造成了一架非常昂貴的飛機損失，還差一點使得三個人失去了生命。

你可以想像胡佛必然大為震怒，並且預料這位極有榮譽心、事事要求精確的飛行員必然會痛責機械師的疏忽。但是，胡佛並沒有責罵那位機械師，甚至於沒有批評他。相反的，他用手臂抱住那個機械師的肩膀，對他說：「為了表示我相信你不會再犯錯誤，我要你明天再為我保養飛機。」

可是，在現實生活中，有一種人脾氣粗野狂暴，能把不管什麼小事都搞得像滔天大罪那樣不可饒恕。他們這樣做並不是出於一時的狂怒，而是源於他們自己的自卑個性。

他們譴責每一個人，而且是誇張地責難別人，能把別人原本是芝麻大小的一個問題渲染得像西瓜那樣大，並藉此將其全盤否定。盛怒之下，他們把一切都推到極端。

然而性情豁達的人，能夠原諒一切過失。他們會認為別人的本意是好的，或者只是一時不小心才犯下錯誤。

有時，是別人給我們製造了生活中的逆境。對於有意為自己設置障礙的人，受挫者該如何對待呢？是耿耿於懷，視他為永遠的敵人，還是寬容大度，化干戈為玉帛呢？抱持後一種態度是明智的。

當然，這裡所說的寬容不是對原則問題的一種讓步，而是對他人的一些非原則性的缺點和過失的一種寬容和諒解。寬容看起來是一件很矛盾的事。但如果不寬容，而是去報復，往往會導致冤冤相報的惡性循環。

同時，不肯寬容別人的人，往往使自己吃苦，他們會因此失眠、腸胃不適，甚至還會引起高血壓。

曾聽一位老師說，有一位婦人在一夜間頭髮全掉光了，她走遍了各大醫院都找不出原因，最後終於知道為什麼了，原來她幾個星期前在菜市場裡跟別人吵了一架，心裡一直放不下而導致引起了身體的反應，經過開導後終於不藥而癒，反觀跟她吵架的那個人，可能早就忘記這件事情了。

所以，一旦寬恕別人之後，他們就會再次超越一種境界——一種可以稱為再生的心靈淨化過程。當然，受到傷害的人必須有時間處理自己的憤怒，認清楚自

己對整個事件所負的責任，以及拒絕寬容會帶來的後果，然後，寬容才能發揮最好的功效。

寬容不僅是愛心的表現，而且是極高思想境界的昇華，寬容是一種博大的境界。表面上來看，它只是一種放棄報復衝動的決定，這種觀點似乎有些消極。但真正的寬容，卻是一種需要巨大精神力量支持的積極行為。寬容更是一種不可少的生活品質，一種正確的自我意識的表現。

一個人只有具有足夠的自信，才會有寬容的胸懷。寬容所得到的好處，是人際關係的協調和適應。有一名著名心理學家曾經說過：「人類心理的適應，最主要的就是人際關係的適應，人類心理的病態，也主要由人際關係的失調而來。」而人際關係的失調對身體健康有極大的損害，所以，在生活中必須要培養寬容的心態。

美國第三任總統傑弗遜與第二任總統亞當斯從斷交到寬恕，是一個生動的例子。傑弗遜在就任前夕，到白宮去想告訴亞當斯，說他希望針鋒相對的競選活動並沒有破壞他們之間的友情。但傑弗遜未來得及開口，亞當斯便又咆哮起來：

「是你把我趕走的！」

此後兩人中止交往達十一年之久，直到後來傑弗遜的幾個鄰居去探訪亞當斯，這個堅強的老人仍在訴說那件難堪的往事，但脫口而說出：「我一向都喜歡傑弗遜，現在仍然喜歡他。」

鄰居把這話傳給了傑弗遜，傑弗遜便請了一位彼此皆熟的朋友傳話，讓亞當斯也知道他的深重友情。後來，亞當斯回了一封信給他，兩人從此便開始了美國歷史上也許是最偉大的書信往來。

寬容是為了那些曾經侵犯我們的人著想而做的，它的最高境界是心靈的淨化和昇華，它使我們從中看到了非常強大的力量。的確，寬容可以幫助我們恢復友誼、愛情和事業。

宗教家康庇斯曾經寫過這麼一段話：「很少人會以衡量自己的天秤來衡量別人。」自己的過失和別人的過失相比，似乎算不了什麼。當我們做了一件令自己覺得羞愧的事，使自我心理感到難過時，我們總會找到一些藉口，然後很快就寬恕了自己。

但是當別人犯了錯誤或表示憤怒時，我們往往會非常快地把他貶得一文不值。更可笑的是，我們抓住了別人的一次錯誤，而忘了自己也曾經犯過無數次同樣的毛病。

要想擁有寬容豁達的心態，必須記住：每一個人都會犯錯。我們是善良與邪惡、成功與失敗、信心與失望、友情與孤獨、勇氣與恐懼的混合體。人之所以相同，在於他們一生中有偉大的時候，也有渺小的時候，因時而異；唯有經由寬恕，我們才能發現，在我們一生當中，偉大的一面占了絕大部分的時光。

英國小說家理德有本書名為《設身處地》。如果你能使這四個字成為你的生活習慣，進而成為你的第二天性，你一定會是快樂的人。光說無益，而要實際去做到這四個字，使你更臻於成熟並尋到自我。因為當你批評與你意見不同的人時，他也會像你一樣，儘量維護他本身的權益，因此你必須三思而後行。

當你被疑慮與缺乏自信所征服，被侵略與恐懼所占據，你就受到了壓力。要抨擊他人時，不妨先自問：「要是我在他的處境之下，我會怎麼做？」如果必要的話，為自己的權益而戰，但是絕對不要為了仇恨、報復而戰。

在現實生活中，我們都迫切地需要友情，而友情的表現，是在你失去理性時，猶能自問：「要是我在他的處境，我會怎麼做？」

最重要的是，你對自己也一定要退一步設身處地的想，不要因為一個錯誤而苛責自己，不要因此而成為一個流離失所者。在這種時刻，對著鏡子捫心自問：「我會對自己最好的朋友這樣做嗎？」

只有學會了寬容，才能夠成功自在地生活。

不「吹毛求疵」

「吹毛求疵」的意思是你特別仔細觀察尋找還有哪裡需要固定和修理的地方，也就是找到生活的破損和缺陷，然後盡力去修補它們，或向別人指出來。這毛病不但會使別人疏遠你，你可能也會不知道，它鼓勵你去考慮每件事和某個人的不當之處——你不喜歡的地方。

在我們的人際關係中，「吹毛求疵」的典型表現是這樣的：你遇到了某人且他一切都很好，你被他或她的外表、個性、智慧、幽默感，或這些品質的某種結合所吸引。開始時，你不但贊同此人與你的不同之處，你實際上是欣賞它們，你甚至會被這個人所吸引，部分是因為你們是多麼的不同。你有與他不同的觀念、喜好、品味和優勢。

然而，過了一段時間，你開始注意到你的新搭檔（或朋友、老師，或任何人）有些小缺陷，你認為應該能夠有所改善。你使他們注意到這一點。你也許會說：「你知道，你確實有遲到的傾向。」或是「我已注意到你不大看書。」關鍵是，你已開始不可避免地轉入一種生活方式——尋找和考慮某人身上你不喜歡的地方，甚至到了非常討厭的地步。

顯然，一個偶然的言論、建設性的批評，或有助益的引導也許並不會招致反感；然而，偶爾的、無害的言論會不知不覺地發展成看待生活的一種方式，當你要去「挑剔」另一個人時，它確實只表示你反而是那個需要被批評的人。

無論你是否對你的人際關係或生活的某些方面吹毛求疵，還是兩者都有，你所需要去做的只是將「吹毛求疵」作為一個壞習慣而去避免。當這個習慣偷偷侵入你的思想時，你要站在別人的立場去想想，並閉上你的嘴。越不去挑剔你的夥伴或朋友，你就越能注意到你的生活確實十分美好。

與其抱怨不如調整心態

阿根廷著名的高爾夫球手羅伯特・德・溫森多是一個非常豁達的人。

有一次溫森多贏得一場錦標賽。領到支票後，他微笑著從記者的包圍中走出來，到停車場準備回俱樂部。這時候一個年輕的女子向他走來。她向溫森多表示祝賀後又說她可憐的孩子病得很重——也許會死掉——而她卻不知如何才能支付起昂貴的醫藥費和住院費。

溫森多被她的故事深深打動了，他二話不說，掏出筆，在剛贏得的支票上飛快地簽了名，然後塞給那個女子，說：「這是這次比賽的獎金。祝可憐的孩子早點康復。」

一個星期後，溫森多正在一家鄉村俱樂部午餐，一位職業高爾夫球公會的官員走過來，問他前一週是不是遇到一位自稱孩子病得很重的年輕女子。

「是停車場的孩子們告訴我的。」官員說。

溫森多點了點頭，說有這麼一回事，又問：「到底怎麼啦？」

「哦，對你來說這是一個壞消息，」官員說，「那個女子是個騙子，她根本就沒有什麼病得很重的孩子。她甚至還沒有結婚呢！你讓人騙了！」

「你是說根本就沒有一個小孩子病得快死了？」

「是的，根本就沒有。」官員答道。

溫森多長吁了一口氣，然後說：「這真是我一個星期以來聽到的最好消息。」

如果你被別人欺騙了，你可以怨天尤人，痛罵社會，甚至自責，但事情卻不因這些而改變，這一切只改變了你和你自己日後的生活，帶著怨恨的活下去。我想，大部分人都是這麼一直抱怨下去，讓局面來控制著我們。

現實中存在不少這樣的人，他們把抱怨當成是聊天的一個內容，而不會尋找其他的話題。即使沒有特別的事情發生，人們可以抱怨的事情也可能是五花八門的：天氣、交通狀況、商場裡擁擠的人群、工作上的不如意、變老的事實、待遇太少、疾病的困擾、子女的問題等等。

如果你習慣於抱怨，當遇到問題或遭受挫折的時候，你把你的焦點全都放在了抱怨上，你雖然能在短時期內有所發洩，但是你不知道它的後果。

抱怨在不經意間表達出來，好像也很值得人們諒解。大多數人都會覺得抱怨是很好的發洩工具，在受到挫折或面臨困難的時候放鬆自己的心情，然而往往忽略這種情緒對自己的嚴重影響。

愛抱怨者，可能很難意識到：很多抱怨都是他們自己一手造成的！你的工作沒做好，上司自然會找你麻煩；你不注意減肥，當然沒有適合你的衣服；你不看天氣預報，被雨淋了又能怪誰？所以當你試圖抱怨的時候，不妨先從自己身上找原因。否則，一旦你養成了抱怨的習慣，就會把自己的問題隱瞞起來，結果你成為問題重重的員工，上司只能痛下決心……你會失去那些本來喜歡你的朋友，因為你的抱怨讓他們感到心煩；你的家人會感到失望，因為你讓他們跟著你遭受了太多的不愉快。這會形成惡性循環，你的抱怨更加嚴重，你的心境會變得更加糟糕！

如果一個人把抱怨當成習慣，就會失去與別人溝通交流的能力。你有沒有這種經歷?在你心情很好的時候碰到一個人，這個傢伙一來就說天氣有多麼糟糕，他的生活多麼黯淡無光，這個時候，你的大腦會隨著他的語言思考，結果，換你腦中的畫面盡是一幅幅不愉快的景象，連心情也因此而變得莫名壓抑。而下次，你會儘量避開與這個人見面。

之所以有些人喜歡抱怨，往往來自於內心的恐懼。你害怕別人知道做事不利的原因是出在於你自己本身：你害怕面對事情，你害怕面對問題本身，你害怕和別人做有建設性的交流。

例如事業上的失敗，你帶頭抱怨，你害怕遭到別人的質疑或嘲笑，於是，你告訴你的朋友，你不是沒有努力，而是客觀環境多麼惡劣，好像這個行業不可能成功一樣。但事實上並非如此，你失敗的原因多半在於你自己本身，要嘛就是沒有努力，要嘛就是沒有找對方法。而那些聽你抱怨的人呢，會根據你所說的頻頻點頭，這樣的結果讓你滿意——「看，我就知道問題不在我，他們也都這麼認

為！」

當你面對一個難題的時候，你的恐懼之心占了上風，你害怕不能戰勝難題，你同樣害怕自信心被傷害。於是你又開始抱怨，想避開痛苦，你想透過抱怨削弱自己內心的恐懼。今天上司給了你一個計劃書，希望你在明天早上開會前準備好。天哪，這對你來說真是個不容易的事。你真的害怕準備不好而遭到上司的責備和同事的鄙視，最後你自己都否定了自己的能力。於是，在你開始準備之前，嘴巴裡不禁又開始抱怨：「老闆真是不公平，讓我在這麼短的時間做這麼難的事！」「小娟明明比我清閒，為什麼偏偏不找她？真倒楣！」

你恐懼的內心讓你終日抱怨，於是你意志消沉，你變得軟弱。遺憾的是，你忽略了非常重要的一點：做事的成敗取決於你做事的態度。

每個人都會經歷生活中各式各樣不如意的事情，有的人採取的是積極的方法，比如說像福特汽車公司退休的前總裁唐納・彼得森，當他接過福特公司的時候，正是美國汽車業不景氣和通用汽車一枝獨秀的時候，他的做法不是跟自己說：「天哪，真倒楣，遇到這樣的不景氣！」而是不斷尋求設計者的建議，推出

「金牛」和「黑貂」兩種車型，在當年的盈收上首次超過了通用汽車公司。

如果你想抱怨，生活中一切都會成為你抱怨的對象；如果你不抱怨，生活中的一切都會變得美好起來。一味地抱怨不但於事無補，有時還會使事情變得更糟。所以，不管現實怎樣，要靠自己的努力來改變愛抱怨的心態。

用寬恕來治療內心的創傷

你並非單行。在這個世界裡，我們各自走著自己的生命之路，紛紛擾擾，難免有碰撞。所以即使心地最和善的人，也難免有時會傷到別人的心。一個朋友背叛了我們，父母辱罵了我們，或愛人離開了我們，都傷害了我們的心靈。也許是在昨天，也許是在很早以前，某個人傷害了你的感情，而你又很難忘掉它。你不該得到這樣的傷害，而它卻深深地留在記憶中，在那裡繼續傷害著你的心。

哲學家漢納克•阿里德指出，堵住痛苦回憶的唯一辦法就是寬恕。一九八三年十二月的一天，教皇保羅二世寬恕了刺殺他的兇手阿格卡。但對普通的人來說，寬恕別人則不是一件容易的事情。在一般人看來，寬恕傷害者幾乎不合自然法規。我們的是非感常常告訴我們，人們必須承擔他所做的事情的後果。但是，寬恕則能帶來治療內心創傷的奇蹟，能使朋友之間去掉間隙，相互諒解。

當我們受到不公平的待遇和心靈損傷之後，我們自然對傷害者產生了怨恨情緒。一位婦女希望她的前夫和新歡的生活過得艱難困苦；一位男子希望那位出賣了他的朋友被解雇。怨恨是一種被動和侵襲性的東西，它像一個化膿、不斷長大的腫瘤，它使我們失去歡笑，損害健康。怨恨，更多地危害了怨恨者自己，而不是被仇恨的人。因此，為了自己，這個腫瘤必須切除。

有人說，寬恕是軟弱的表現，這種看法是錯誤的。冤冤相報撫平不了心中的傷痕，它只能將傷害者和被傷害者捆綁在無休止的爭吵上。甘地說得好，如果我們對任何事情都採取「以牙還牙」的方式來解決，那麼整個世界將會失去色澤。第二次世界大戰後神學家林哈德•列布哈說：「我們最終得和我們的對立民族和解。不然我們就會在惡性循環中滅亡。」而現在，我們已經做到了這一點。在同一聯盟內部，寬恕是消除內部衝突的有效方法；對志趣相同的群體來說，只有不斷地寬恕，才能獲得事業上的共同成功。

寬恕是堅韌的表現，而不是軟弱的象徵。它需要我們有勇氣正視自己的心靈創傷。只有自尊才能做到這一點。寬恕本身就是一個小小的奇蹟。透過寬恕別人，同時又能相互寬恕，建立起人類間最親密的關係。這又是一個奇蹟。

下面就是值得借鑑的實施寬恕的幾點方法：

一、別把怨恨藏在心底

沒有人願意承認他恨別人，所以我們就把怨恨藏在心底。但怨恨卻在平靜的表面下奔流，傷害了我們的感情。承認怨恨，就等於強迫我們對心靈施行手術以求早日痊癒，即做出寬恕的決定。我們必須承認所發生的一切事情，面對另外一個人直接地說：「你傷害了我。」

麗茲是加利福尼亞大學的一名副教授，也是一個很稱職的老師。她的系主任答應替她向教務長請求提升她。然而，在他向教務長提交的報告中，卻嚴厲地批評了麗茲的工作，以致教務長對她說「走吧，請妳另謀高就去吧！」

麗茲恨透了系主任對她的詆毀。但她還要從他那裡得到一封推薦書，以便另找工作。當系主任對她說：「真抱歉，儘管我在教務長面前為妳說了許多好話，

但仍然不能使教務主任提升妳」時，她假裝相信他的話，但她難以忍受這口怨氣。

一天，她將這口怨氣直接和這位系主任吐露了，而他卻斷然否認了這件事。這使她看出他是多麼可憐多麼卑微的人，於是她感到不值得和他生氣，並最後決定把這件事情拋在一邊。如果她的怨恨不說出來，她就不會釋懷，也許永遠都不會原諒對方。

二、將錯誤的事與做錯事的人區分開

即使對錯事本身感到憤怒，而不是對做錯事的人感到憤怒。要做到這一點，首先應該重新評估這個人，他的優點、他的缺點，以及他做錯事時所處的環境。

凱西是一個十六歲的少女，她小時候就被她的生父母遺棄了，對此她十分憤恨。她不明白為什麼她就不值得母親撫養。後來她才發現，她的生父母很窮，並且生她時還未結婚。

後來，凱西的一位朋友懷孕了，在擔驚受怕的情況下，最後把她的嬰兒送給了別人撫養。凱西分擔了她朋友的憂慮，並且意識到，在這種環境下，這樣做是對嬰兒最好的辦法。這使她逐漸認識到她自己的母親那樣做也是對的——她自己

沒有能力撫養孩子，她把自己的孩子給別人撫養，是因為她太愛孩子了。凱西對自己母親的新看法促使她的怨恨逐漸降低，並最終諒解了生母。從此，她更看重自己富有生命力、有價值的人生了。

三、讓過去的事情過去吧

一位漂亮的女演員幾年前在一次車禍中成了殘廢。她的丈夫陪伴著她，直到她快康復的時候為止。之後，他卻冷酷迅速地離開了她。她沉溺在美好往事的回憶之中，面對未來，她只有憤恨。但最終她還是寬恕了他。她說：「如果我只是終日地沉溺於對他舊日情愛的回憶之中，整天只是怨恨他的冷酷，那麼我只有終日流淚的份，對於我的身體及未來有害無益。讓過去的事情過去吧，我需要的是獲得未來的幸福。」

寬容是人際交往的潤滑劑

寬容是做人的美德，也是一種明智的處世原則，是人與人交往的「潤滑劑」。常有一些所謂厄運，只是因為對他人一時的狹隘和刻薄，而在自己前進的道路上自設的一塊絆腳石罷了；而一些所謂的幸運，也是因為無意中對他人一時的恩惠和幫助，而拓寬了自己的道路。

寬容猶如冬日正午的陽光，去融化別人心田的冰雪變成潺潺細流。一個不懂得寬容別人的人，會顯得愚蠢，大概也會蒼老得快；一個不懂得對自己寬容的人，會為把生命的弦繃得太緊而傷痕纍纍，抑或斷裂。

我們生活在一個越來越功利的環境裡，但倘若太吝惜自己的私利而不肯為別人讓出一步路，這樣的人最終會無路可走；倘若一味地逞強好勝而不肯接受別人的一絲見解，這樣的人最終會陷入世俗的河流中而無以向前；倘若一再地求全責備而不肯寬容別人的一點瑕疵，這樣的人最終宛如凌空在最高的山頂，會因缺氧而窒息。

曾有人把人比喻為「會思想的蘆葦」，因為弱小易變，因而情緒的波動，隨時都在改變對事物的正確瞭解。人非聖賢，就是聖賢也有一時之失，我們何以不能寬容自己和別人的失誤？

寬容並不意味對惡人橫行的遷就和退讓，也非對自私自利的鼓勵和縱容。誰都可能遇到情勢所迫的無奈，無可避免的失誤，考慮欠妥的差錯。所謂寬容，就是以善意去寬待有著各種缺點的人們。因其寬廣而容納了狹隘，因其寬廣顯得大度而感人。

豁達是值得每個人追求的心態，而寬容是為人處世中必備的積極心態。

豁達是一種超脫，是自我精神的解放。豁達是一種寬容，恢宏大度，胸無芥蒂，肚大能容，海納百川。飛短流長怎麼樣，黑雲壓城又怎麼樣？心中自有一束不滅的陽光。以風清月明的態度，從容對待一切，待到廓清雲霧，必定是柳暗花明。

豁達是一種開朗。豁達的人，心大，心寬。悲愁的、痛苦的，都在嬉笑怒罵、大喊大叫中撕個粉碎。

豁達是一種自信，人要是沒有精神支撐，剩下的就是一具皮囊。人的這個精神就是自信，自信就是力量，自信給人智勇，自信可以使人消除煩惱，自信可以使人擺脫困境；有了自信，就充滿了光明。當然，豁達不是毫無保留的自我流露。豁達是一種修養、一種理念，是一種至高的精神境界。

豁達是一種博大的胸懷、超然灑脫的態度，也是人類個性最高的境界之一。一般說來，豁達開朗之人比較寬容，能夠對別人不同的看法、思想、言論、行為以至他們的宗教信仰、種族觀念等都加以理解和尊重。不輕易把自己認為「正確」或者「錯誤」的東西強加於別人。他們也有不同意別人的觀點或做法的時候，但他們會尊重別人的選擇，給予別人自由思考和生存的權利。往往是豁達產生寬容，寬容導致自由。胡適先生說過，如果大家希望享有自由的話，每個人均應採取兩種態度：在道德方面，大家都應有謙虛的美德，每人都必須持有自己的看法，不一定是對的態度；在心理方面，每人都應有開闊的胸襟與兼容並蓄的雅量，來寬容與自己不同甚至相反的意見。換句話說，採取了這兩種態度以後，你會容忍我的意見，我也會容忍你的意見，這樣大家便都享有自由了。

當然，豁達並非等於無限度地容忍別人，開朗並不等於對已構成危害的犯罪行為加以接受或姑息。但對於個人而言，豁達往往會有更好的人際關係，自己在心理上也會減少仇恨和不健康的情感；對於一個群體而言，寬容開朗，無疑是創造一種和諧氣氛的調節劑。因此，豁達寬容是建立良好人際關係的一大法寶，同時也是一個人完善個性的表現。

有位作家曾說過：沒有豁達就沒有寬鬆。無論你取得多大的成功，無論你爬過多高的山，無論你有多少閒暇，無論你有多少美好的目標，沒有寬容心，你仍然會遭受內心的痛苦。世界上最大的是海洋，比海洋更大的是天空，比天空更大的是人的胸懷。

一個人只有豁達、開朗、寬容才能接受別人，善於與他人相處，能承認他人存在的意義和作用，他也就能被他人所理解和接受，為團體所接納，就能與別人互相溝通和交往，人際關係才會協調，才能與團體成員融為一體。合群的人，常常能夠與朋友共享快樂，表現出積極的態度總是多於消極的情感，即使在單獨一人時也能安然處之，無孤獨之感。因為這種具有積極情感的人會感受到自己存在的價值，能夠對自己的能力、個性、情感、長處和不足做出恰當和客觀的評價，不會對自己提出苛刻的、不切實際的要求，能恰如其分地確定自己的奮鬥目標和做人的原則，努力發展自身的潛能，並不迴避和否認自己的缺陷，儘量用自己的樂觀情緒去感染別人，正是這些特點，才贏得大家的喜愛和認同。

不要以貌取人

在卡內基的培訓班上，有人曾講了這樣一個故事：

「我年輕時自以為了不起。那時我打算寫本書，為了在書中加進點『地方色彩』，就利用假期出去尋找。我要去那些窮困潦倒、懶懶散散混日子的人們當中找一個主角，我相信在那兒可以找到這種人。

有一天我找到了這麼個地方，那兒到處都是荒涼破落的莊園，衣衫襤褸的男人和面色憔悴的女人……最令人激動的是，我想像中的那種懶惰混日子的味道也找到了──一個滿臉亂鬍鬚的老人，穿著一件褐色的工作服，坐在一把椅子上為一小塊馬鈴薯地鋤草，在他的身後是一間沒有油漆的小木棚。

我轉身回家，恨不得立刻就坐在打字機前。而當我繞過木棚在泥濘的路上轉過彎時，又從另一個角度朝老人望了一眼，這時我下意識地突然停住了腳步。原來，從這一邊看過去，我發現老人的椅邊靠著一副枴杖，有一條褲腿空蕩蕩地直垂到地面上。頓時，那位剛才我還認為是好吃懶做混日子的人物，一下變成為一個百折不撓的英雄形象了。

從那以後，我再也不敢對一個只見過一面或聊上幾句的人，輕易下判斷和做結論了。感謝上帝讓我回頭又看了一眼。」

急於下結論，懷有偏見是人際衝突的常見原因。我們為什麼不能對別人多些瞭解、多些寬容呢？

每個人都可能患上偏見的「疾病」，只不過程度輕重不一。偏見是根據自己所得到的一點點訊息，憑主觀的想像，甚至已有的經驗和邏輯，編故事似的給對方編製了一個形象，甚至由此去推知他的過去和未來。

和一個人初次見面，對方穿著隨便，談吐粗俗，你很可能會認為對方是一個沒文化、缺乏教養的人。當然，你可以這麼認為，但如果你進而認為他辦事一定也是不認真，而且自私，甚至可能動手腳，以致於以後不願和他進行任何合作，那麼就過分了，這就變成了一種偏見。有這種思維方式的人，很容易失去很多機會。因為每個人都有優點和缺點，我們和人交往、合作，關鍵要充分利用別人的優勢，充分發揮對方的優勢，進而給自己提供方便。

很多人會以第一印象輕易地判斷一個人，透過第一印象中的一些訊息來判斷他的一切，這顯然是一種以偏概全的錯誤。見到部下上班遲到一次，就認為他工作偷懶，也不問遲到的原因；見到一個人嘴裡叼著菸，搖頭晃腦，就認為作風肯定不正當；見到一個人點頭哈腰地給老闆打開車門，就認為此人肯定只會拍馬屁，沒什麼本事。似乎在他的眼裡，每個人都能簡單而且迅速地進行分類，有什麼樣的言行就肯定是什麼樣的人。

對人產生偏見，結果往往是對自己不利。因為對人有偏見，很容易被對方察覺，一旦別人感覺到你對他有偏見，很可能會產生牴觸情緒。如果你們是同事，那麼麻煩就來了，合作是肯定不可能的了。所以，一次偏見就等於少了一個合作夥伴，甚至少了一個可能的朋友。

要想消除偏見，我們就得設法改變自己的一些思維模式。首先要使自己堅信每個人都是有優點和缺點的，我們和人交往要盡可能地多看優點，少看缺點，能以這樣一種態度去交際，我們就會感到這世界很美好，肯定能寬容地對待每個人。

不以個人愛惡喜厭選擇交往對象

如果你很任性，那麼你的家人、朋友和同事中就有很多你看不順眼的人。總是「以惡為仇，以厭為敵」是不行的，久而久之，你會無路可走，自身也會成為眾矢之的。擁有寬容豁達的心胸，不任性，「不以愛惡喜厭定交往」，才是高明的處世原則。

在北宋朋黨紛爭的政局中，王安石一意推行新法，忽略協調舊派以求人和政通，是他遭受舊派全力攻擊的主要原因，也是新法推行的主要阻力。

舊派重臣名流，能否真誠接納王安石，支持合作，本是一個大問題。偏偏王安石個性執拗，自認「天變不足畏懼，祖宗不足取法，議論不足體恤」，不肯委曲求全，不設法溝通以獲諒解，甚至不容忍接納相反的意見，大大喪失人和，增添輿論的壓力。尤其來自諫官的彈劾攻擊，使新法的推行成為黨派爭執的口實，有你無我，一旦舊派抬頭，新法也全面廢棄了。

全面探討王安石推行新法，過重對事，忽略對人，導致許多嚴重的敗端。推行新法，先要溝通朝野觀念，上求當政要員配合支持，下求社會大眾瞭解接受，只靠一個皇帝全力贊成畢竟不夠。

大舉推行新法，要有足夠的配合人手，切實負責，有為有守，並且須使這些推行人員對所執行的新法有充分的認識，還須受過推行方法的訓練。不是一紙通令下去，大量用人執行，就能行得通、辦得好的。

王安石的才智、勇氣與理想，在歷史上是可以大書特書的。他在器識、政治運作技術以及待人處世上所顯示的缺失，也是幾百年來一大借鑑。

寬容豁達的人懂得：

一、與人交往應該求大同存小異

世界上的人都是有差別的，完全相同的人是不存在的。性格、愛好、觀點、行為不一致的人，在同一範圍內生活相處，是很自然的。如果純粹以個人的愛惡喜厭來選擇交往的對象，那就只能生活在一個越來越狹窄的小天地。

當雙方都各執己見、觀點無法統一的時候，自己應該會把握自己，把不同的看法先擱下來，等到雙方較冷靜的狀態時再辨明真偽。也許，等到你們平靜的時候，說不定會相顧大笑雙方各自的失態呢。

而在勝利的時候，你也應該表現出自己的大將風度，不應該計較剛才對方對你的態度。應該顧及到對方的面子，可以給對方一支菸或是一杯茶，抑或是向他求索一點小幫忙，這樣往往可以令他重返愉快的心理。這樣才可使朋友之間長期相知相交。

二、不要「以惡為仇，以厭為敵」

你常常不自覺地對你不喜歡的人做點小動作，結果是，你的所作所為並不能將別人整垮，你自己倒是徹底地孤立於眾人之外了。不但你所不喜歡的人與你隙縫愈深，而且周圍其他人也會對你存有戒意；況且，這個你不喜歡的人或許在某些方面對你有所幫助，但由於你的敵意，結果你失去了很多正常交往的好處。要相信「好壞自有公理，優劣也自有明察」，千萬不可因為不喜歡某人就懷有各種成見。

三、要有容人之過的雅量

金無足赤，人無完人。所謂「容過」，就是容許別人犯錯誤，也容許別人改正錯誤。

誰都可能犯錯誤，「容過」講的則是這樣一種「過」，它給自己帶來了一定的損害，或在某種程度上與自己有關。例如，下屬有了過錯，合作者有了過錯，或者是自己的家人有了什麼過錯等等。在這種情況下，能否有一種寬容的態度對待這種「過」，是衡量人的素質的一個標準。

「容過」是一種美德，就是要壓制或克服內心對於當事人的歧視，儘管自己心裡並不痛快，感到懊喪，但卻應該設身處地地為當事人著想，考慮一下自己如果在這種場合下會如何做，做錯了某事之後又有何種想法。當然，這裡需要「容」的是當事者本人；對於具體的事情本身，則應該講清楚，該批評的必須批評。

四、和「小人」交往，並沒有降低你的人格

或許你會覺得對於那些性格觀點不一致的人，固然不應該以愛惡喜厭來處理與他的關係；但對於那些品質不太好，行為不太檢點，因而令你看不慣和不喜歡的人來說，和他過不去又有何妨呢？和他們交往豈不是降低了自己的人格？這種看法未必全面。

就感情而言，這種人的確很令你憎惡和討厭。但這並不等於和他過不去，更不應置之於死地而後快。只要他不是諱疾忌醫、不可救藥的人，就應當盡力和他溝通，滿腔熱情地接近他、教育他、感化他、幫助他。

這並不是降低人格，而恰好是你具有寬容豁達的高尚人格的證明。相反，要是人家一有犯錯，就拼命把人家往火裡推，這不但暴露了自己人格的低下，而且顯得心胸也太過狹窄了。

五、你和他有著相同缺點才會格格不入

人一遇到和自己具有相同缺點的人，似乎彼此會相合而產生跳動，即刻產生厭惡的感覺。

我們通常與某人不能融洽相處時，首先會醜化對方，這樣做很難取得良好的

效果。欲以排除，倒不如先謙虛地自省，改正自己的缺點，或是拔除厭惡對方之感的根源，這才是最重要的。

一位先生有如下體會，他說和對方關係好轉之後：「才知道，原來他從前對我也同樣有厭惡的感覺，而且跟我唱反調，覺得我冷酷厭惡的理由，完全和我評判他的理由相同，這使我再度感到驚奇。」

Part 2

知足常樂的心態

環境本身並不能使我們快樂或者是不快樂，重點是我們本身有沒有感受到快樂。快樂是你自己的事，保持一顆快樂的心很重要。它會使你在給周圍的人帶來積極影響的同時，自己得到豐厚的回饋；會使你的生活隨時隨地充滿陽光。

享受自己的生活，不與他人相比

據《聖經》記載，耶穌曾經講過這樣一個「雇工的比喻」：

天國有一個葡萄園主，清晨出去為自己的葡萄園雇工人。他與工人議定一天一塊錢，就派他們到葡萄園裡去了。

在第三個時辰，他又出去，看見另外有些人在街上閒站著，就對他們說：「你們也到我的葡萄園裡去吧！一天我給你們一塊錢。」他們就去了。

在第六和第九個時辰，他又出去，也照樣請了一批人。

在第十一個時辰，他又出去，看見還有些人站在那裡，就對他們說：「為什麼你們站在這裡整天閒著？」

那些人對他說：「因為沒有人雇我們。」

他對他們說：「你們也到我的葡萄園裡去吧！」

到了晚上，葡萄園的主人對他的管事人說：「你叫他們來，分給他們工錢，由最後的開始，直到最先的。」

那些在第十一個時辰來的人，每人領了一塊錢。

那些最先雇的前來，心想自己必會多領，但他們也只領了一塊錢。

他們一領到錢，就抱怨葡萄園主，說：「這些最後雇的人，不過工作了一個時辰，而你竟把他們與我們這整天受苦受熱的同等看待，這公平嗎？」

他答覆其中的一個說：「朋友！我並沒有虧負你，你不是和我議定了一天一塊錢嗎？拿你的走吧！我願意給這最後來的和給你的一樣。難道我不能拿我的財物，行我所願意的事嗎？或是因為我對別人好，你就眼紅嗎？」

很多時候，我們感到不滿足和失落，僅僅是因為覺得別人比我們幸運！

如果我們安心享受自己的生活，不和別人比較，在生活中就會減少許多無謂的煩惱。

下面這則寓言就生動地詮釋了這個道理：

有一天，一個國王獨自到花園裡散步，使他萬分詫異的是，花園裡所有的花草樹木都枯萎了，園中一片荒涼。

後來國王瞭解到，橡樹由於沒有松樹那麼高大挺拔，因此輕生厭世死了；松樹又因自己不能像葡萄那樣結許多果子，也死了；葡萄哀歎自己終日匍匐在架上，不能直立，不能像桃樹那樣開出美麗可愛的花朵，於是也死了；牽牛花也病倒了，因為它歎息自己沒有紫丁香那樣芬芳；其餘的植物也都垂頭喪氣，無精打采，只有細小的心安草在茂盛地生長。

國王問道：「小小的心安草啊，別的植物全都枯萎了，為什麼你這小草這麼勇敢樂觀，毫不沮喪呢？」

小草回答說：「國王啊，我一點也不灰心失望，因為我知道，如果國王您想要一棵橡樹，或者一棵松樹、一叢葡萄、一株桃樹、一株牽牛花、一棵紫丁香等等，您就會叫園丁把它們種上，而我知道您希望於我的，就是要我安心做小小的心安草。」

《牛津格言》中說：「如果我們僅僅想獲得幸福，那很容易實現。但，我們希望比別人更幸福，就會感到很難實現，因為我們對於別人幸福的想像總是超過實際情形。」人各有所長，各有所短。我們既不能專門以己之長，比人之短；也不應以己之短，比人之長。

生活中的許多煩惱都源於我們盲目和別人比較，而忘了享受自己的生活。

知足帶來幸福

生活，如果只有晴空而沒有陰雨，如果只有幸福而沒有悲哀，如果只有歡樂而沒有痛苦，那麼，這樣的生活根本就不是生活，至少不是人的生活。所有的幸福，就像是一團纏結不清的紗線，它是由悲傷和喜悅構成的，而喜悅正是因為有了悲傷才是可愛的。

生活的舞台上，不幸和幸運，前後相隨，魚貫而出，使我們依次體會悲傷和快樂。一個理智、達觀的人會漸漸地懂得，對生活不要期望太高。當你運用有效的方法力求成功的時候，要做好失敗的準備。渴望幸福的降臨，就要有一種知足常樂的心態，耐心地忍受各種苦難。在生活中，怨天尤人、悲號哀鳴是毫無用處的，唯有愉快而不懈的工作，才能有真實的收穫。

理智而達觀的人對自己身邊的人也不會期望太高。只要能與別人和平相處，他就會容忍和克制。而且，即使是世界上最優秀的人，他也會有性格上的弱點，需要人們容忍、同情甚至憐憫。有誰敢說自己是完美無缺的呢？誰沒有令人苦惱的事情呢？誰不需要別人的寬大、容忍和諒解呢？

生活往往是我們自己創造的。每一個心靈都會給自己創造一個小天地。喜悅的心靈會使這個小世界充滿快樂，不知足的心靈會使這個小天地充滿哀愁。

著名女作家趙淑俠女士說：「人生不會一帆風順。幸福與否，是自己心理上的自我反映。人們都看我幸福，實際上我過得並不幸福。人生根本是很難幸福的。太無情的人，對人生是冷漠的；太平常的人，沒理想，很知足，這就是幸福嗎？七情六慾都有的人，精神要求太高，更難幸福——寫文章的女人都有這種痛苦。從事文學的女人是另外一種『動物』，文學女人是不會幸福的。絕對的幸福是沒有的。人生在世，不能不愉快地接受這種實際。對女作家來說，這種不滿足、空虛便能產生靈感和創作的原動力，多愁善感，一個樹葉落下就會想到宇宙。最近我寫了一些關於文學女人的文章，從感情、愛情、生活、精神與物質諸多方面深入分析文學女人這種特殊的『動物』。」

她舉例說，李清照代表文學女人的浪漫瀟灑，與丈夫不只是夫妻關係，也是朋友、情人、愛人，所以丈夫死後，她不能衝破情關，專一執著地守寡終生。蕭紅屬於另外一種文學女人，她一直生活在愛情的苦海裡，不顧世俗，堅持追尋，至死也不放棄愛情。

留美女作家吉錚，她是自己挖坑自己跳的悲劇人物，一直生活在初戀的夢幻裡，總是把感情留在初戀階段，當多年後重遇初戀情人時，時過境遷，幻想破滅。空虛、痛苦，闖不過情網，逃不出情劫，最後自殺。

三毛是不切實際的幻想家，她把荷西視為神一般的永生戀人，他們的愛情是完美的，這使一般愛情顯得平凡，她的自殺只能如此解釋。文學女人太美化人生，也太期待愛的不朽，這就是文學女人感情弱點的悲劇……

為什麼追求完美的人特別容易情緒不安，為什麼他們的工作效果會受到損害？其中一個原因就是，他們以一種不正確和不合邏輯的態度看人生。

追求完美的人最普遍的錯誤想法，就是認為不完美便毫無價值。比如說，一個每科成績取得甲等的學生，由於在一次考試中有一科拿了乙等成績，因而大感沮喪，認為那就是失敗。這類想法導致追求完美的人害怕犯錯，而且一旦犯錯後又做出過分的反應。

為了幫助追求完美的人戒除這個心理習慣，伯恩斯教授首先請她們列出追求完美的好處和弊端。一名向他求助的法律系女學生只舉出一個好處：「這樣做有時會得到優秀成績。」接著她列出六個弊端：「第一、它令我神經非常緊張，以致有時連普通成績也拿不到。第二、我往往不願冒險犯錯，而那些錯誤卻是創作過程中所必然會發生的。第三、我不敢嘗試新的東西。第四、我對自己諸多苛求，令生活失去了樂趣。第五、由於總是發現有些東西未臻完美，因此我根本無法鬆弛下來。第六，我變得無法容忍別人，結果別人認為我是個吹毛求疵者。」

根據這個利弊分析，他最後提出，若放棄追求完美，生活可能會更有意義和更有成就。

伯恩斯指出：「假如你的目標切合實際，那麼，通常你的心情便會較為輕鬆，行事也較有信心，自然而然便會感到更有創作力和更有工作成效。我不是鼓吹放棄努力奮鬥，不過，事實上你也許會發現，在你不是追求出類拔萃而只是希望有確實良好的表現時，反而可能會獲得一些最佳的成績。」

你也可以用反躬自問的方式來抗拒追求完美的思想，例如，「我從錯誤中可以學到什麼？」你可以做個實驗，想想你犯過的一項錯誤，然後把從中得到的教訓詳列出來。千萬別放棄犯錯的權力，否則你便會失去學習新事物以及在人生道路上前進的能力。你要牢記，追求完美心理的背後隱藏著恐懼。

當然，追求完美也有一個好處，就是無須冒著失敗和受人批評的危險。不過，你同時會失去進步、冒險和充分享受人生的機會。說來奇怪，敢於面對恐懼和保留犯錯誤權利的人，往往生活得更快樂並且更有成就。

懼怕失敗是我們社會的一種強大的恐懼心理，從孩童時期別人就向你灌輸這種恐懼感，而這種恐懼往往將終身陪伴著你。

你或許會驚訝地得知，世界上並不存在失敗。所謂失敗，只不過是別人對你應該如何做某件事的看法。所以，一旦你相信沒有必要事事都按別人的意圖去

做，你也就不會失敗了。

盡善盡美主義意味著惰性。如果你為自己制定盡善盡美的標準，那麼你便不會去嘗試任何事情，也不會有多大作為，因為盡善盡美這一概念並不適用於人。它也許只適用於上帝，但你作為一個人，不必以這個標準來衡量自己的行為。

在生活中，有了知足常樂的心態，就能減少許多煩惱。

摒棄「越多越好」的想法

為了培養知足常樂的心態，就要放棄「多多益善」的想法。只要你擁有「多多益善」的想法，認為物質生活「越多越好」，你就永遠不會滿足。

每當我們得到什麼，或達到了某目標，大部分的人是立即再繼續追求下一個目標。這壓抑了我們對生活和幸福的欣賞。例如，當一位宗教人士獲得諾貝爾和平獎時，他從記者那裡得到的問題之一就是「下一步要做什麼」。就像是無論我們做什麼——買一間房子或一輛車，吃頓飯，買些衣服，甚至是贏得聲譽——從來都沒有足夠的一天。克服這種有害想法的訣竅就是說服你自己，越多並不一定越好。問題不在於我們沒有什麼，而在於擁有更多的奢求。

學會滿足並不是說你不能、不會或不該得到比你的財產更多的東西，只是說你的幸福不要依賴於它。你可透過更著眼於現在，而不是太注重你想得到的東西，來學會安享現有的一切。當怎樣才能使你的生活更好的想法進入你的頭腦時，輕輕地提醒你自己，即使得到了你想要的，你也不會感到更滿意。因為「想要更多」的思維模式使你仍想要得到更多。

對於幸福和快樂來說，最普遍的和最具破壞性的傾向之一就是集中精力於我們所想要的，而不是我們所擁有的。這對於我們擁有多少似乎沒有什麼不同；我們僅僅不斷地擴充我們的慾望名單，這就更加強了我們的不滿足感。你的心理說：「當這項慾望得到滿足時，我就會快樂起來。」可是一旦慾望得到滿足後，這種心理作用卻不斷重複。

一個朋友在星期天結清了新房子的貸款，而恰好在下一次我們看到他時，他所談論的是他的下一個甚至會更大的房子！不只他一人如此，我們中大多數人會做極其相同的事情。我們想要這個或那個，如果不能得到想要的，我們就不停地去想著自己所沒有的，並且會一直保持著不滿足感。

如果我們確實得到自己想要的，也僅僅是在新的環境中重新創造同樣的想法。因此，儘管得到了所想要的，卻仍舊不高興。當我們充滿新的慾望時，是得不到幸福的。

幸運的是，有個可以快樂起來的方法。那就是改變我們思考的重心，從我們所想要的轉而想到自己所擁有的。不是期望你的老婆是美女，而是試著去想她對你的好；不是抱怨你的薪水，而是感激你擁有一份工作；不是期望你能去夏威夷渡假，而是想到你有悠閒的時間放鬆，做自己想做的事。每次當你注意到自己跌入這種「我期望生活有所不同」的陷阱中時，退回來，並且重新來過。

吸口氣，記住要感激你所擁有的一切。當你的精力不是集中於你想要的，而是你所擁有的上面時，不管怎樣你就會結束這種要得到更多的想法。如果你關心於你老婆的好，那麼她將會更加對你表現出愛意。如果你感激你的工作而不是去抱怨它，那麼你將會把工作做得更好，更有效率。如果你改變在家中生活的方式，你最終會有更多的樂趣。

選擇的力量

伊麗莎白・康妮接到國防部的電報，說她的侄兒——她最愛的一個人——在戰場上失蹤了。

康妮一下子心亂不已，寢食難安。過了不久，又接到了陣亡通知書。此時，她的心情無比悲傷。

在那件事發生以前，康妮一直覺得命運對自己很好。她說：「偉大的上帝賜給我一份喜歡的工作，又讓我順利地撫養大了相依為命的侄兒。在我看來，我侄兒代表著年輕人美好的一切。我覺得我以前的努力，現在都應該有很好的回饋……」

然而，現在卻來了這樣一份電報，她的整個世界都被粉碎了，她覺得再也沒有什麼值得自己活下去的意義了，她找不到繼續生存下去的理由。她開始忽視工作，忽視朋友，她拋開了生活的一切，對這個世界既冷淡又怨恨。「為什麼我最愛的侄兒會死？為什麼這麼好的孩子還沒有開始他的生活就離開了這個世界？為什麼他會死在戰場上！」她覺得自己沒有辦法接受這個事實。她悲傷過度，決定放棄工作，離開家鄉，把自己藏在眼淚和悔恨之中。就在她清理桌子準備辭職的時候，突然看到一封她已經遺忘了的信——一封她的侄兒生前寄來的信，當時，她的母親剛剛去世。侄兒在信上說：「當然我們都會想念她的，尤其是妳。不過我知道妳會平靜度過的，以妳個人對人生的看法，就能讓妳堅強起來。我永遠不會忘記那些妳教給我的美麗的真理。不論我在哪裡生活，不論我們分離得多麼遙遠，我永遠都會記得妳的教導，妳教我要微笑面對生活，要像一個男子漢，要承受一切發生的事情。」

康妮把那封信讀了一遍又一遍，覺得侄兒就在自己的身邊，正在對自己說話。他好像在對自己說：「妳為什麼不照妳教給我的辦法去做呢？堅持下去，不論發生什麼事情，把妳個人的悲傷藏在微笑的下面，繼續生活下去。」

侄兒的信給康妮以莫大的鼓舞，她覺得人生又充滿著期望，她又回去開始工作了。她不再對人冷淡無禮。她一再對自己說：「事情到了這個地步，我沒有能力改變它，不過我能夠像他所希望的那樣繼續活下去。」

康妮把所有的思想和精力都用在工作上，她寫信給前方的士兵——給別人的兒子們；晚上，她參加成人教育班——要找出新的興趣，結交新的朋友。她幾乎不敢相信發生在自己身上的種種變化。她說：「我不再為已經過去的事情感到悲傷，現在我每天的生活都充滿了快樂——就像我的侄兒要我做到的那樣。」

伊麗莎白・康妮學到了我們所有人遲早都要學到的事情，這就是我們必須深知覆水難收的道理。很顯然，環境本身並不能使我們快樂或者是不快樂，重點是我們本身有沒有感受到快樂。

莎士比亞說：「我們的身體就像一座園圃，我們的意志是這園圃裡的園丁。不論我們插蕁麻、種萵苣、栽下牛膝草、拔起百里香，或者單獨只種植一種草木，或者把全園種得萬卉紛披，讓它荒廢不治也好，把它辛勤耕墾也好，那權力都在於我們的意志。」

有人安於某種生活，有人不能。因此，能安於自己目前處境的，不妨就如此生活下去，不能的只好努力另找出路。你無法斷言哪一種樣子才是成功的，也無法肯定當自己到達了某一點之後，會不會快樂。

有些人永遠不會感到滿足，他的快樂只建立在不斷地追求與爭取的過程之中，因此他的目標不斷地向遠處推移。這種人的快樂可能少，但成就可能大。

苦樂全憑自己判斷，這和客觀環境並不一定有直接關係。就如同一個不愛珠寶的女人，即使置身在極其重視虛榮的環境，也無傷她的自尊；擁有萬卷書的窮書生，並不想去和百萬富翁交換鑽石或股票；滿足於田園生活的人，也不艷羨任何學者的榮譽頭銜，或高官厚祿。你的愛好就是你的方向，你的興趣就是你的資本，你的性情就是你的命運。各人有各人理想的樂園，有自己所樂於安享的花花世界。

有這樣一個笑話：

著名專欄作家哈理斯的朋友對報販說了聲「謝謝」，但報販卻十分冷漠的不發一言語。

「這傢伙態度很差，是不是？」他們繼續前行時哈理斯問道。

「他每天晚上都是這樣的。」朋友說。

「那麼你為什麼對他還是那樣客氣？」哈理斯問他。

朋友答道：「為什麼我要讓他決定我的行為？」

「為什麼要讓他決定我的行為」，多麼耐人尋味的一句話！如果我們都學會這樣想、這麼做，生活中該減少多少無端的煩惱啊！

你有沒有發現，你若期待壞事來臨，事情就真的常會變壞。每當我們期待壞事來臨時，我們是永不會失望的。若有足夠的時間等候的話，最後事情一定會變得像我們想像中一樣的糟糕。但是同一原則反過來也是同樣靈驗的：每當我們期待好運來臨時，它們時常會來臨的！只要有足夠的時間等候，也有足夠的信心，不用多久，事情就會變得像我們所希望的一樣。

《最偉大的力量》一書的作者J．馬丁．科爾指出：「人有能力選擇和改善自己的環境，更能改善自己的心靈。一個人的處境是苦是樂常是主觀的。同樣一種生活狀況，你認為過得挺悲慘，但也有人自我感覺良好，活得有滋有味，這就是選擇的力量。」

羅素曾寫過《幸福論》一書，自覺對幸福頗有研究。一九二四年，他抱著「拯救中國人於水火」的宏願到了四川。但一上了峨眉山，羅素就打消了最初的念頭。因為他上山時乘的是竹轎，羅素看到大汗淋漓的轎夫，深感不忍。不過兩個轎夫在休息的時候有說有笑，還出了一道題目給這位大哲學家：「你能用十一畫寫出兩個中國人的名字嗎？」羅素承認不能。轎夫笑著說出了四個字的答案「王一、王二」。羅素歎道：用自以為是的眼光看待別人的幸福是錯誤的。

記住：使你快樂或不快樂的，不是你有什麼，你是誰，你在哪裡，或你正在做什麼，而是你對它的想法。舉例來說，兩個人處境相同，做同樣的事情；兩個人都有著大致相等數量的金錢和聲望，然而，其中之一落落寡歡，另外一人則歡欣愉快。什麼緣故？心理態度不同而已。

變成習慣的主人

林肯說：「只要心裡想著快樂，絕大部分的人都能如願以償。」

心理學家加貝爾博士說：「快樂純粹是內在的，是由於觀念、思想和態度而產生的。不論環境如何，個人的活動能夠發展和指導這些觀念、思想和態度。」

除了聖人之外，沒有一個人能隨時感到百分百的快樂。正如蕭伯納所諷刺的那樣，如果我們覺得不幸，可能會永遠不幸。但是，我們可以憑藉動腦筋和下決心來利用大部分時間想一些愉快的事，應付日常生活中使我們不痛快的瑣碎小事和環境，進而使我們得到快樂。

我們對小事的煩惱、挫折、牢騷、不滿、懊悔、不安的反應，這純粹出於習慣。會做出這種反應是因為已經「練習」了很長時間，也就成了一種習慣性反應。這種習慣性的不快樂反應大多起因於我們自以為有損於自尊心的某種事情。一個司機無緣無故地向他人按喇叭，我們談話時有人肆意插嘴，我們以為某人該來幫忙他卻沒有來，等等。甚至一些非個人的事情也可能被認為是傷害我們的自尊心而引起我們的反應：要搭的公車來遲了，要打高爾夫球時偏偏下雨，急著去搭飛機時交通忽然阻塞等等。我們通常的反應是憤怒、沮喪、自憐，換句話說：就是不高興！

不要讓事情把你弄得團團轉。治療這種病最好的藥方就是使用造成不快樂的武器——自尊心。不知你是否看過一個電視節目，看到節目主持人操縱觀眾的情況？主持人拿出「鼓掌」的標記，大家就都鼓掌；主持人又出示「笑」的標記，所有的人又都笑起來。觀眾的反應像綿羊一樣，告訴他們怎樣反應，他們就奴隸般順從地做出反應。你現在也是這種反應。你讓外在事物和其他人來支配你的感覺和反應。你就像馴服的奴隸一樣，等某件事或某種環境向你發出信號「生氣」——「不痛快」，或者「現在該不高興了」——你就迅速地服從命令。

養成快樂的習慣，你就能變成一個主人而不再是奴隸。就如同史蒂文森所說過的：「快樂的習慣使一個人不受外在條件的支配。」

人是一個追求目標的生物，所以，只要他朝著某個積極的目標努力，他一定能自然正常地發揮作用。快樂就是自然正常地發揮作用的徵兆。人只要發揮一個目標追求者的作用，不管環境如何，他也會感到十分快樂。

威廉・詹姆斯說：「我們所謂的災難完全可以說是人們對這個現象所採取的態度，受害者的內在態度只要從恐懼轉為奮鬥，壞事就往往會變成令人鼓舞的好事。在我們嘗試過避免災難而未成功時，如果我們同意面對災難，樂觀地忍受它，它的毒刺也往往會脫落，變成一株美麗的花。」

首先，快樂不是在你身上發生的事，而是你自己所做的、取決於你自己的事。如果你等著快樂主動降臨，或者碰巧發生，或者由別人帶來，那你可能要等很長時間。除了你自己以外，誰也無法決定你的思想。如果你等著環境來「驗證」你所進行的快樂思維，你就可能要等上一輩子了。

任何一天都有好與壞——沒有哪一天、哪種環境是百分之百的「好」。這個

世界上和我們的私人生活中，不斷出現的各種因素和「事實」，它們不是表現出一種悲劇、抱怨的看法，就是一種樂觀、快活的看法，這完全取決於我們的選擇。在很大程度上，這是一個選擇、注意和決定的問題，而不是思想上的誠實不誠實的問題，好與壞同樣「真實」。

記住：能否快樂的關鍵問題僅僅在於我們主要注意哪一方面，我們的思想集中在哪一方面。

不要為快樂制定條件

為了獲得真正的快樂，千萬不要為自己的快樂制定條件。

別說：「只要我賺到一萬元，我就開心了。」

別說：「我只要搭上飛往巴黎、羅馬、維也納的飛機，就快樂了。」

別說：「我到六十歲退休的時候，只要臥在躺椅上曬曬太陽，我就滿意了。」

生活中的快樂，不應該有條件。

不論你是百萬富翁或是窮光蛋，每一天都應該有一個基本的目標，就是喜悅地享受生活。患得患失的百萬富翁會對自己說：「有人會偷走我的錢，然後就沒有人理睬我了。」意志堅強的窮光蛋卻會對自己說：「債主在街上追我的時候，我正好可以運動一下。」

不要愚弄你自己，如果真的想要得到生活的樂趣，你能夠找到，但有個先決條件就是：你必須有這份福氣消受。

有許多無福消受生活樂趣的人，他們在功成名就之後，非但不能放鬆，反而更趨緊張。在他們的心目中，似乎老是受到追逐——疾病、訴訟、意外、賦稅，甚至還包括了親戚的糾纏。直到再度嘗到失敗的滋味以前，他們無法鬆弛心情。

生活樂趣應從微小事物中去尋求：美味的食物、真誠的友誼、溫煦的陽光、歡愉的微笑。

莎士比亞在《奧賽羅》一劇中寫道：「快樂和行動，使得時間變短了。」不論時間長短，讓你的時間充滿愉悅的笑聲。對於認為快樂並非生活中一部分的人應該一笑置之，因為他們是無知的一群；但是你也要原諒他們，因為他們不像你這麼睿智聰明。

快樂是真實的，是內發的；除非獲得你的允許，沒有人能夠令你苦惱。

每天都應該記住：快樂是你贈送給自己的禮物，不是聖誕節的點綴，而是整年的喜悅。

快樂本來就出自人的心靈和身體組織。我們快樂的時候，可以想得更好，做得更好，身體也更健康，甚至感覺都變得更靈敏。一項研究發現，人在快樂的思維中，視覺、味覺、嗅覺和聽覺都更靈敏，觸覺也更細微。人進入快樂的思維或看到愉快的景象，視力立即得到改進；人在快樂的思維中記憶大大增強，心情也很輕鬆；精神醫學證明：在快樂的時候，我們的胃、肝、心臟和所有的內臟會發揮更有效的作用。

辛德勒博士說：不快樂是一切精神疾病的唯一原因，而快樂則是治療這些疾病的唯一藥方。看來，我們對於快樂的普遍看法有些是本末倒置的。我們說：「好好做，你會快樂。」或者對自己說：「如果我健康、有成就，我就會快樂。」或者教別人：「仁慈、愛別人，你就會快樂。」其實更正確的說法是：「保持快樂，你就會幹得好，就會更成功，更健康，對別人也就更仁慈。」

快樂不是爭來的東西，也不是應得的報酬。快樂不是道德問題，就像血液循環不是道德問題一樣。快樂與血液循環二者都是健康生存的必要因素。快樂不過是「我們的思想處於愉悅時刻的一種心理狀態」。如果你一直等到你「理應」進行快樂思維的時刻，你很可能產生你自己不配得到快樂的不快樂思想。

斯賓諾莎說：「快樂不是美德的報酬，而是美德本身；我們不是由於抑制慾望而享受快樂，相反，我們享受快樂才能抑制慾望。」

許多人總是在推遲自己的快樂——無限期地推遲。我們並非有意如此，而是我們總在說服自己：「有朝一日我會快樂的。」我們告訴自己，當付清帳單，完成學業，得到第一份工作、一次升遷時，我們將會快樂。並勸告自己，結婚有了一個孩子之後，生活將會更美好。然後我們會苦於孩子不夠大——當他們長大了我們將會更滿足。之後，我們又苦於要去應付十幾歲的少年。當他們跨過這一階段我們當然會高興。我們對自己說，如果我們的配偶表現出色，當我們有輛更好的車，能夠去歡渡假期，當我們退休了時，我們的生活將會完美。如此等等！

同時，生活仍然在繼續。事實上，沒有比現在更適於快樂的時間了。如果不在現在，那是什麼時候呢？你的生活永遠充滿挑戰。最好讓你自己承認這一點並決定去快樂。

畢業於牛津大學的索亞說：「長期以來，對我來說，生活似乎馬上就要開始——真正的生活。但半途中總有障礙，先要被了結的某事、某個未完成的生意、仍需利用的時間、需要付清的帳單。之後生活才將會開始。最後，我逐漸認識到，這些障礙正是我的生活。」這個見解告訴我們：沒有通向快樂的途徑——快樂本身就是這途徑！

追求真正的「快樂」而不是「歡樂」

普萊格說：「明白了歡樂並不等於快樂，最能令我們得到解脫。我住在好萊塢和迪斯尼樂園所在的地方，一年到頭陽光充沛。或許你會以為，住在這樣一個歡樂的地方，一定比別人快樂。如果你這樣想，你的看法就不免有些錯誤了。」

許多聰明人認為歡樂就等於快樂。但事實上，它們兩者之間並沒有共通之處，就算有也很少。歡樂是我們在進行一種活動時的感受；快樂則是活動結束之後才會感受到的。快樂是更深入、更持久的情緒。

到遊樂場去遊玩，去看球賽或電影，或者看電視，全都是歡樂的活動，能幫助我們鬆弛身心，忘卻煩惱，甚至哈哈大笑。但是，它們不一定會帶來快樂。

美國學者威爾士指出：我常常認為，如果說好萊塢的電影明星對我們有什麼影響的話，那就是他們讓我們知道了快樂和歡樂的區別。這群既富有又漂亮的人經常參加盛大的宴會，坐豪華的汽車，住金碧輝煌的房子，這一切都意味著「歡樂」。可是，這些名人一個又一個地在他們的回憶錄中，揭露他們歡樂背後隱藏著的不快樂：情緒消沉、酗酒、吸毒、離婚、子女行為有問題、極度孤寂。

可惜的是許多人相信，只要下一次參加的盛大宴會更盛大，坐的汽車更豪華，渡假享受更高級，買的房子更堂皇，那麼，他們就可以得到前所未有的快樂。

許多人執迷不悟，認為生活中充滿了歡樂就等於快樂，其實，這種觀念只能減低他們得到真正快樂的機會。如果尋歡作樂就等於快樂的話，那麼痛苦就該等於不快樂了。然而，事實卻剛好相反：能帶來人生快樂的事物往往都含著一些痛苦。

許多人都逃避那些快樂之源的事情。他們對於結婚、生兒育女、爭取專業成就、助人行善等等事情所帶來的痛苦，都感到害怕。

不妨問一下單身漢，為什麼他和女朋友交往了這麼久還不肯結婚？如果他老實，他會說他害怕承擔責任。承擔責任事實上是痛苦的。獨身生活充滿歡樂、新鮮和刺激；婚姻生活中雖然也有歡樂，但它們卻不是最顯著的特徵。

同樣的，一對夫妻不想生兒育女，只想得到全無痛苦的歡樂，不想得到有痛苦的快樂。他們可以隨時上館子，旅行，想睡多晚就多晚。但子女尚在襁褓之中的夫妻，能睡一晚好覺或者有三天假期，真可以說是很幸福了。

威爾士說：「我從未聽過一個做父母的人說帶孩子是歡樂事。可是，不生孩子的夫妻不會體驗到摟抱孩子或者安頓孩子上床睡覺的樂趣。他們也不會體驗到看著孩子長大的樂趣。

我當然也愛好尋歡作樂。我喜歡打網球，愛和兒童（以及任何人）開玩笑，而且，我還有許多嗜好。可是，這些作樂方式並未真正能令我快樂。一些比較困難的事情——例如寫作、撫育子女、促進夫妻關係、嘗試做好事等——帶給我的快樂，大於我從那短暫的歡樂中所能獲得的。」

明白和承認了歡樂並不等於快樂，可使我們得到解脫，使我們更好地利用時間做快樂的事。使金錢得以善用，不去買並不能增加我們的快樂的新汽車或者漂亮的服裝。還有，能使我們免受嫉妒之苦。所有那些富有而漂亮的人之所以被認為是快樂的，只是因為他們永遠有很多的歡樂，而事實上，他們可能並不快樂。

一旦明白了歡樂並不一定會帶來快樂，我們的生活就會開始改變。這樣，可能才是名副其實的改造人生。

避免和戰勝失望情緒

有失望情緒的人，待人接物的態度總的看來有點無精打采、心灰意冷，甚至萬念俱灰。不過，人們也常常掩飾自己的失望情緒。失望情緒簡直就像普通的感冒一樣，接連不斷的失望就像連續不斷的感冒一樣，也會帶來較為嚴重的後果。它會導致長期的玩世不恭情緒以及一些由精神壓抑引起的疾病，如潰瘍、關節炎、頭疼、背痛等。

失望情緒大都是關於我們生活的主要方面的——工作、社交、戀愛、家庭。長期對生活失望的人可分為三種類型：

一、妄自尊大型

這個類型的人指望得到特殊待遇。他希望自己的辦公室比誰的都大，希望在飯店裡吃最好的飯菜，希望別人享有的他自己通通享有。這種類型的人必須認識到他的要求是一切以自我為中心的，是不合情理的。

二、受創傷型

這個類型的人由於早年受過嚴重創傷而對生活失去了希望，他為了避免更大的失望，就期待著發生最壞的情況，以此來做為防備。於是，他預料保險公司會取消他的汽車保險，他覺得自己會第一個被解雇。

對於這類型人，惡劣的情緒比他所面臨的實際困難更為可怕，因為這類人總是感到幻滅，因而對生活總是抱著玩世不恭的態度。

三、默許型

這種人想討好每個人。他去參加一個晚會時想著：「我怎樣才能贏得晚會上所有人的好感呢？」

他時時刻刻揣測著別人對他的要求，結果，他反而不知道自己想要什麼，自己需要什麼了。他總是失望，因為他不能滿足每個人的要求。

人在自己生活的不同時期會有不同的失望情緒。生活的每個時期都有特定的內容，所以也就有不同的失望。兒童可以對任何一件事情感到懊惱，因為他對現實的認識太天真又不夠深入。隨著年齡的增長，我們對現實的認識豐富起來了，我們的情緒也不再像兒童時那樣變化無常了。

然而，進入中年時，我們才第一次看到，我們過去曾嚮往過的那麼多目標是不可能都實現的。時間和機遇限制了可能性。

在中年的後期，我們的失望一般是圍繞著事業上停滯不前之類的問題，或者，覺得自己已到了中年卻還沒能得到原先所冀望的舒適與安定，仍在為基本的生計而奔波忙碌。

在晚年，老人們似乎對兩件事情感到失望。一個是沒有受到應有的尊重，另一個是因為想到自己再也不能擁有什麼希望而沮喪。

為了避免和戰勝失望情緒，可借鑑以下四點建議：

一、使我們的願望靈活一些

我們必須承認，任何主觀的空想都是不可能實現的。我們應該使我們的願望靈活一些，這樣，一旦遇到了難遂人願的情況，我們就有準備放棄原來的想法。比如，你去劇場看戲，希望能見到一個你十分喜歡的演員。可是，就在開演之前，宣布說那位明星演員病了，由替身出場。

假如你堅持原來的願望，你可能會因為演員的變動而歎氣並滿腹牢騷地走出劇場。而如果你的願望是靈活的，你仍會喜歡這場演出，甚至會對那個替角的演技品評一番。

我們需要在自己的願望當中多做些有評有據的估計，少些主觀的臆想。

二、追求與自己的能力大小相當的目標

如果我們對外語並不在行，卻期望當一位翻譯人員，那就是異想天開。

三、儘快從失望中恢復過來

為了從深深的失望中恢復過來，首先要承認您受到的創傷和打擊，不要掩飾它。然後，可以難過一段時間。接著，我們需要對所受的損失做一定分析。它要求我們領悟到：我們所期望的每一件事情都並非絕對不可缺少。

四、使令人失望的事變成有意義的機會

令人失望的事可以成為一次有積極作用的經歷，因為它用事實為我們上了一課，它就像早晨洗臉用的冷水，使我們清醒過來，正視生活的現實。它提醒我們重新考察自己的願望，以便使之更加切合實際。令人失望的事情還可以促使我們拿出行動或者改變自己的作風。換句話說，它可以成為幫助我們成長的良師益友。

從內心決定讓自己快樂

「我制定並實現了我的畢生目標，事業上已經功成名就，但卻犧牲了我的個人和家庭生活。我不再瞭解我的妻子和孩子。我甚至不能確定我是否瞭解我自己和對我來說真正重要的是什麼。我不得不捫心自問——這是否值得？」

「我又進行了一次節食——在今年這已是第五次了。我知道自己的體重過重，而且確實想改變這種狀況。我翻閱了所有的新資料，制定了目標，並以一種積極的精神態度使自己振奮起來，我給自己打氣——我能堅持下來，但我並未做到。幾星期後我就敗下陣了。看來，我連對自己做出的允諾都信守不了。」

「我一堂又一堂地上著有效管理培訓班。我對員工們寄予厚望，而且對他們竭力表示友好並公正地對待他們。但我從他們那裡感覺不到忠誠……我該怎麼辦才好？」

「不管我用什麼辦法，要做的事沒完沒了，時間老是不夠用，我整天——每天，一星期七天都感到精神壓力重重，心煩意亂。我已經參加了一些時間規劃的講習，並試用了五、六種不同的時間安排方法。它們雖然有些作用，但我仍感到自己現在並未過著我所想過的幸福、寧靜和富有成果的生活。」

「我很忙，很忙。但有時候我不知道我現在的所作所為從長遠看是否會有助益。我希望我的生活是有意義的，不管怎麼樣，由於我的存在，情況還是有所不同了。」

「看到朋友和親戚取得了某種成就或獲得了某種承認，我熱情地向他們祝賀。但在內心裡，我卻感到悲哀憂傷，我怎麼會有這種感覺呢？」

「我具有堅強的個性。我知道，在幾乎所有的交往中，我都能左右結局。在大多數時候，我甚至能以影響別人來提出我所想要得到的答案，以此達到目的。我仔細思量了每一次情況，我確實感到自己的主意通常對每個人來說都是最好的。但我感到不安，總想知道別人在心裡究竟是怎麼看我和我的主意的。」

「我的婚姻已變得淡然無味。我們並不吵架或發生別的什麼事，只是彼此之間不再相愛。我們已向旁人咨詢求教，並已做了種種的嘗試，但看來就是不能重新燃起我們曾懷有的情感。」

生活中你是否經常聽到有人這樣抱怨，你是否也有上述一種甚至幾種類似的感覺？

《向你挑戰》一書的作者廉・丹佛認識到，他所接觸到的許多人從外表看事業飛黃騰達，但內心卻一直受到某種飢渴的困擾；他們渴望自身獲得和諧與效力，渴望與他人建立起一種健康和日益增進的關係。這是一些深層問題、使人感到痛苦的問題——施以權宜的應急方法無法加以解決的問題。

廉・丹佛指出：我們不僅必須觀察我們所看到的世界，還必須觀察一下我們看世界時所透過的透鏡，以及透鏡本身規定了我們對世界給予何種的解釋。如果想改變這種情況，我們首先必須有效地改變自己，而且必須改變觀念。人類之所以不同於其他生物，乃是因為具有極強的改造能力，可以把任何東西或想法轉換或改變成能讓自己覺得快樂或有用的東西。

人類是地球上唯一能夠過著豐富內在生活的動物，他經常不看外在的環境怎麼樣，而是憑著自己的選擇，來認定自我和決定未來的行動。而我們最強的能力，便是能把自己的經驗結合別人的經驗，創造出完全不同於任何人的方式，展現在生活的各種層面上。因此，也只有人能夠改變心態，使痛苦化為快樂或使快樂化為痛苦。

曾有這樣一件事，有一個人把自己關在籠子裡絕食抗議，他為了某個理由有三十天沒有進食任何食物，結果還能活下去。在肉體上他所承受的痛苦非常大，然而此舉卻能吸引大眾注意，他因而得到快樂，結果所受的痛苦便為快樂所抵消。若把範圍再縮小一點，有些人之所以願意忍受肉體的折磨，乃是因為這樣能得到鍛鍊身體的快樂，使嚴格克己的磨練轉化為個人成長的滿足。這也就是何以他們能長久忍受那樣的痛苦，因為他們能得到所要的快樂。

我們不能隨著環境的變化而起舞，因為那樣就不能決定自己人生的方向。這種情況就有如一部公用電腦，任何人都可以輸入亂七八糟的程式。我們每個人的行為，不管是有意還是無意，都受到痛苦和快樂這兩股力量的影響，而這個影響的來源有兒時的玩伴、自己的父母、老師、朋友、電影或電視影片中的英雄以及其他種種，不知不覺中它們對我們造成了影響。有些時候可能是別人說的一句話、學校發生的一件事、比賽中的一場勝利、一次尷尬的場面，或是各科目都是八十分以上的成績，這都可能對你造成莫大的影響，因此塑造了今天的你。由此可以說：我們的人生乃掌握在對於痛苦和快樂的認定上。

當回顧過去，是否能夠回想出有哪一次經驗對你造成今日的影響？你對那次的經驗賦予了什麼樣的意義？如果當時未婚，你是把婚姻看成一件愉快的探險呢？還是把婚姻視為沉重的負擔？當晚上坐在餐桌上時，你把用餐視為是一次給身體加添補給的機會呢？還是把大吃一頓當成快樂的唯一泉源？

奧瑞利歐斯說：「如果你對周圍的任何事物感到不舒服，那是你的感受所造成的，並非事物本身如此。藉著感受的調整，你可在任何時刻都振奮起來。」

時常保持快樂的心境

心理學家認為，快樂也是一種心理習慣，一種個性化的生活態度，一種健康的氣質。

習慣是由於重複或練習而鞏固下來並變成需要的行為方式。剛開始進行體育鍛鍊一旦成為習慣，不活動就會覺得難受，因為它已變成生活的部分，固定在人的行為中了。要使快樂變成一種心理習慣，就必須能夠時時處處尋找快樂，發現快樂。波蘭作家顯克筆下的「小音樂家」楊科，他的世界中處處都有著美妙無比的音樂，然而在別人聽來，那不過是平淡無奇的蟲吟蛙鳴，風聲鳥語，流水和車輪聲。色盲的人感受不到色彩的美，鼻塞者嗅不到任何氣味。在不順心的時候，

在遇到悲哀的情景和無法避免的困難的時候，如果我們能以愉快的心情來對待它，那麼，它很可能就變得微不足道，變得有益且鼓舞人。

養成快樂的習慣，含著微笑生活，那麼，我們就會成為情緒的主人，而不是外界情況的支配。比如，在一次約會時，對方遲到了十來分鐘。一般的人不免要生氣，喜歡自尋煩惱的人會製造出種種不愉快的猜測：故意耍我，擺架子，故作矜持，想甩掉我，等等。但有了快樂習慣的人，卻常常這樣想：一定是公司有重要的事，於是能十分諒解對方，自己也避免了不愉快情緒的干擾。「為什麼要把事情想得那麼糟呢？」這是快樂的人常常說的話。

態度是指人的比較穩定的一套思想方法、目的和主張，一種對生活事件的反應。態度總是要打上性格的烙印的。對生活保持快樂態度的人，性格特徵通常是開朗、豁達、豪放的，而生活中不能感受快樂的人，通常是那些心胸狹窄、脾氣古怪、性格孤僻、好挑釁或好顧影自憐的人。

要使快樂成為自己的生活態度，必須從改變自己的性格入手。蕭伯納曾經說過：「如果我們感到可憐，很可能會一直感到可憐。」哲學家皮科幕塔也認為，人受困擾，往往不是由於發生的事實，而是由於對事實的觀念。當我們覺得不開心的時候，不妨分析一下自己的性格上的弱點，是因為急躁易怒而不快呢？還是因為妒忌自大的性子？如果是後者，那就更需要加強思想修養，學會寬厚待人，培養謙虛美德；學會耐心、冷靜地對待生活。美好的性格，快樂的心態，高尚的品德，是與人愉快相處的資本，也是幸福的支柱和依附之處。

Part 3

謙卑的心態

為了培養謙卑的心態，不僅在與不太熟悉的人交往時要注意小節，尊重對方，對好朋友也要客氣有禮，在求人辦事的時候尤其是如此。

謙虛謹慎是一種高明的處世態度

老子教誨孔子做人的道理時講過：「良賈深藏若虛，君子盛德容貌若愚。」意思就是說：善於做生意的商人，總是隱藏其寶貨；品德高尚的君子，其容貌卻顯得愚笨。

謙虛在中國人看來既是一種策略，又是一種處世態度，更是一種美德。懂得謙虛的人，往往能得到別人的友善和關照，進而為將來事業的成功打下良好基礎。

一個人只有懷有謙卑的心態，才能不斷地要求上進，才會妥善地處理好自己與他人的關係，才會使別人器重你，才能達到你所追求的目標。

漢代的學士張良就是因為具備了謙虛的美德，善於用謙字鋪路，所以得到了

《太公兵法》，為日後發達鋪平了道路。

在中國人看來，謙虛的魅力是無窮的，在人際關係上有很大的作用。

有些人的謙虛多少有虛偽成分，因為他是以此為一種謀求同情和請求幫助的方法，他們會將自己的慾望隱藏起來，正如一個富足的人卻持大碗身著破衣向人乞討一樣。

謙虛也有其深刻的社會原因，一方面，欲求利益而又不能公開爭取，另一方面還要爭取一個不計名利的好名聲，這兩種對立的人生需求構成了人格中的兩個方面，而正是由於兩重人性的存在，有些人的謙虛品質便有了無限的外延，乃至虛偽。

假設一家大公司招募一名女祕書，經理問應考人：「是否有豐富的社會經歷？」她說：「我經驗不足，還需要磨練和學習。」那麼，經理就很可能弄不清她究竟是真的經歷不足，還是一種謙虛的姿態。

但無論是哪一種情況，經理都會覺得很受用，因為她給了別人一種弱者的態度，她讓別人覺得有責任幫助她。

謙虛是美好的品德，同時又能使自己獲得一種容易受到同情的地位。長期的道德壓迫，使中國人養成了憎恨強者、同情弱者的思維模式，這也是一種反差心理。假設有兩個人發生衝突，圍觀者支持哪一方呢？

要這樣決定：看兩者身分而同情低賤的；看兩人的年齡而同情年老（或年幼）的；看兩人的性別而同情女的；看兩人的態度而同情膽小的。若有一方哭起來，那必定會得到廣泛的同情。

從更高的角度來講，謙虛謹慎是建功立業的前提和基礎。

謙虛謹慎是每個社會人必備的品格，具有這種品格的人，在待人處事時能溫和有禮、平易近人、尊重他人，善於傾聽他們的意見和建議，能虛心求教，取長補短。對待自己有自知之明，在別人面前不居功自傲；在缺點和錯誤面前不文過飾非，能主動採取措施進行改正。

不論你從事何種職業，擔任什麼職務，只有謙虛謹慎，才能保持不斷進取的精神，才能增長更多的知識和才幹。因為謙虛謹慎的品格能夠幫助你看到自己的差距。永不自滿，不斷前進可以使人冷靜地傾聽他人的意見和批評，謹慎從事。

否則，驕傲自大，滿足現狀，滯步不前，主觀武斷，輕者使工作受到損失，重者會使事業半途而廢。具有謙虛謹慎品格的人不喜歡裝模作樣、擺架子、盛氣凌人，能夠虛心向群眾學習，瞭解群眾的情況。

美國第三屆總統傑弗遜提出：「每個人都是你的老師。」

傑弗遜出身貴族，他的父親曾經是軍中的上將，母親是名門之後。當時的貴族除了發號施令以外，很少與平民百姓交往，他們看不起平民百姓。

然而，傑弗遜沒有秉承貴族階層的惡習，主動與各階層人士交往。他的朋友中當然不乏社會名流，但更多的是普通的園丁、僕人、農民或者是貧窮的工人。他善於向各種人學習，懂得每個人都有自己的長處。

有一次，他對法國偉人拉法葉特說：「你必須像我一樣到民眾家去走一走，看一看他們的菜碗，嘗一嘗他們吃的麵包。只要你這樣做的話，你就會瞭解到民眾不滿的原因，並會懂得正在醞釀的法國革命的意義了。」由於他作風紮實，深入實際，他雖高居總統寶座，卻很清楚民眾究竟在想什麼，他們到底需要什麼。這樣，他就在密切群眾關係的基礎上，進而造就他成為一代偉人。

謙虛謹慎的品格，還能使一個人面對成功、榮譽時不驕傲，把它視為一種激勵自己繼續前進的力量，而不會陷在榮譽和成功的喜悅中不能自拔，把榮譽當成包袱背起來，沾沾自喜於一時之功，不再進步。

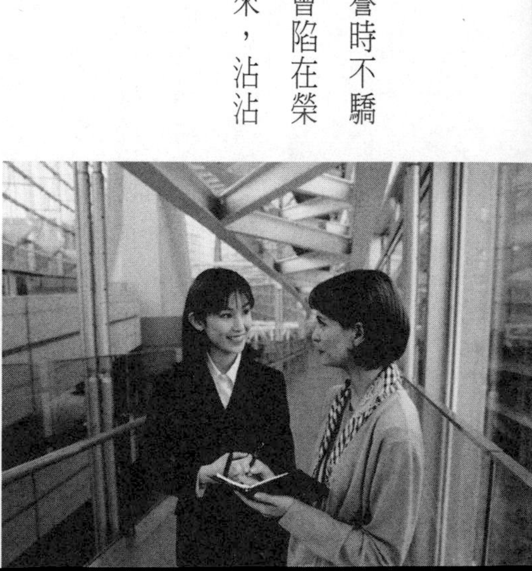

不能心高氣盛，恃才傲物

被稱為美國之父的富蘭克林，年輕時曾去拜訪一位前輩。那時他年輕氣盛，挺胸抬頭邁著大步，一進門，他的頭就狠狠地撞在了門框上，痛得他一邊不停地用手搓揉，一邊看著比他身高低矮的門。出來迎接他的前輩看到他這副樣子，笑笑說：「很痛吧！可是，這將是你今天來訪問我的最大收穫。一個人要想平安無事地活在世上，就必須時時刻刻記住『低頭』。這也是我要教你的事情。」

富蘭克林把這次拜訪得到的教訓看成最大的收穫，並把它列在一生的生活準則之中。這對他後來功績卓絕、成為一代偉人不無幫助。

年輕人最容易犯的通病就是心高氣盛，恃才傲物，以為自己是鴻鵠，別人都是燕雀；眼睛總是高高向上，根本不把周圍的一切放在眼裡。直到有一天，被眼前的門框撞了頭，才發現門框比自己想像的要矮得多。

要想進入一扇門，就必須讓自己的頭比門框更矮；要想登上成功的頂峰，就必須低下頭，彎起腰，做好攀登的準備。

只有站在低處的人，才總是高高抬著頭，因為他腳下什麼都沒有，他只能往上看。

那些登上頂峰的成功者們，不論是在舞台上發表演說，還是出訪，總是微微低著頭俯視腳下的人群，因為他們站在高處；而他們腳下成千上萬的人們，總是高高抬起頭向上，仰視著台上的成功者，因為他們站在低處。

蘇軾在《賀歐陽少師致任啟》中說：「力辭於未及之年，退托以不能而止，大勇若怯，大智若愚。」我們可以理解為對於那些不情願去做的事，可以以智迴避之。本來有大勇，卻裝出怯懦的樣子，本來很聰敏，硬裝出很愚拙的樣子，如此可以保全自己的人格，同時也可不做隨波逐流之事。真正的大智大勇者未必要大肆張揚，徒有其表，而要看其實力。

李贄也有類似的觀點：「蓋眾川合流，務欲以成其大；土石併砌，務以實其堅。是故大智若愚焉耳。」百川合流，而成其大；土石併砌，以實其堅，這才是大智若愚。

中國古代的道家和儒家都主張「大智若愚」，而且要「守愚」。孔子的弟子顏回會「守愚」，深得其師的喜愛。他表面上唯唯諾諾，迷迷糊糊，其實他很用心，所以課後他總能把先生的教導清楚而有條理地講出來，可見，「若愚」並非真愚。大智若愚的人給人的印象是：虛懷若谷，寬厚敦和，不露鋒芒，甚至有點木訥。其實在「若愚」的背後，隱含的是真正的大聰明大智慧。大智若愚，真是一種智慧人生！

鄭板橋的「難得糊塗」字幅四處可見，在不少旅遊點，他的這幅字到處懸掛。但真正懂得這句話的含義並不容易。對於鄭板橋來說，正因為他看得太明白、太清楚、太透徹，卻又對於個中緣由無法解釋，倘若解釋了，徒生煩惱，於是便裝起糊塗，尋求逃遁之術。

這種謙卑的處世態度包括了愚者的智慧、隱者的利益、柔弱者的力量和真正熟識世故者的簡樸。這種境界的達到，往往是一個高尚的智者在人生的迷戀中幡然悔悟後得來的。

在儒家思想中，沒有任何東西比炫耀、漂亮、有意顯示更遭批評的了。例如，自己總是讚許自己的名氣有多大，成績有多麼的傲人，他的成就與名氣一定不會有他說的那樣；自己總是誇耀自己有多少財富，而且花起錢來十分闊氣，百般揮霍，他的財富一定沒有實際上的那麼多。所以，能把自己的能力發揮在如愚如拙、如鈍如魯的表面和看似平淡的行為中，就會受到前所未有的讚揚。而且，人們認為一種令人欽佩的「愚」，是真正自發創造行為產生的自然的結果，是比「聰明」更難得到的品質。

古語說：「人至察則無徒。」即過於精明的人是不會有太多的朋友的。許多人往往是當別人要得到某種東西時，自己就會唯恐在這方面損失了什麼利益，而千方百計地去阻撓別人得到這樣東西，卻認為這才是「精明」。實際上，完全不是這樣的。從這個角度上來說，所謂的「守愚」，實際上就是培養自己超凡的智慧與美德。另一方面，「守愚」也象徵著踏實工作的精神，即不為討好誰而工

作，而是為了實現自己生存的意義而工作。

只要我們能夠虛心，他人所做的各種錯事，我們全能找出可原諒的地方。因為我們自己也有做各種錯事的可能，所以更有原諒他人的必要。

真正有謙卑心態的人，能體諒別人的苦衷，設身處地去想一下別人那樣做的原因，不會強迫自己去勉強容忍。用這樣的眼光去觀察事情，自然只有欣然的同情、真摯的憐憫、博大的寬容了。

注意小節，尊重對方

有人總認為要成大事就要不拘小節，否則就會被一些小事情拖累，其實這種想法是不妥的。注意小節是對事情的周密安排，是一種負責的表現。比如，要接待一位客人，可能就要從接客人用的車到路上談些什麼，安排住哪個酒店，甚至他喜歡抽什麼菸，都要詳加考慮。只有這樣，才可能給客人留下較好的印象。

和人初次見面，尤其要注意小節，因為它決定是否給人留下較好的第一印象。在生活中，這種初次見面往往經常碰到，如和客戶談生意，和新朋友見面，應徵面試等等。在見面之前，最好能對對方有個較全面的瞭解，以便能在交談中處於主動。對別人的預先瞭解，也展現了對對方的一種尊重，見面之後一句：

「我知道你很喜歡收藏，我也很喜歡集郵，什麼時候好好向你請教。」相信馬上能引起對方的好感。在見面時，衣著打扮當然也不能忽視，不一定要非常正式，只要得體就行了。參加婚禮穿運動服肯定不行；而約朋友出外遊玩，穿休閒類衣服，則是最恰當不過了。和人約好見面，最重要的是不能遲到；交換名片之後，看都不看就塞進口袋那也不妥。當然，談話的時候，肯定要找機會談談自己，也不要忘了找機會讓對方談談感興趣的事。如果要抽菸，最好要徵得對方同意。如果你的任務是接待客人，能在他的酒店客房裡預先放一束鮮花和幾句歡迎辭，客人一到房間，肯定會有賓至如歸的感覺。

當然，除了和人第一次見面要注意小節之外，和長輩、老闆在一起也要特別小心。見了面，微笑著主動打招呼這是基本的規矩。當你有急事要進老闆辦公室，千萬別忘了敲門。當你和老闆的觀點有分歧，當面爭論當然是最不理智的辦法。如果覺得一定要說明你的觀點，也要懇求老闆給你機會，單獨找時間說明，千萬不能當著眾人的面「直言」。如果萬一老闆誤會了你，你也得學會忍耐，不要當面頂撞，最好是事後單獨找機會說明。另外，如果跟著老闆出外應酬，不能過分地表現自己，隨時要注意自己的角色。在平時，即使老闆對你很好，很隨和，甚至經常和你勾肩搭背，你也千萬不能得意忘形，不能反過來也勾肩搭背，特別是有外人在場的時候。老闆和你親近是顯示他的平易近人，老闆總比別人感到孤獨，因為他們必須讓所有人都尊重他，他希望表現得平易近人，同時又希望你能尊敬他。所以，你最好讓老闆主動和你親近，而切忌沒大沒小地和老闆親近。任何時候、任何情況下，都不要讓老闆有種你不尊重他的感覺。

和朋友在一起最容易忽視小節。雖然和朋友在一起可以隨便些，但也絕不能太肆無忌憚，當你不拘小節到讓他感覺不尊重他的地步，那就過分了。假如你自以為和朋友關係好，隨便拿他的東西用也無需打個招呼，很可能哪一次，朋友就生氣了。當有人向朋友借東西，你替他做主答應或拒絕，這都是很不妥的行為。隨意看朋友的日記和信件那就更過分了。

總之，我們做任何事都先考慮一下，這樣做會不會妨礙別人，是不是不尊重對方，那麼許多小節問題你就都能注意到了。

當然，尊重對方不等於對對方百依百順。在許多情況下，適當的拒絕也是必

要的。

人生最大的教訓之一是要懂得如何拒絕，其中最重要的拒絕是拒絕為你本人做某事或拒絕為他人做某事。有些事情並不太重要，浪費寶貴的時間。而更糟的情況是只忙於一些雞毛蒜皮的事。要真正做到小心謹慎，只做到不要管他人閒事還不夠，你還得防止別人來管你的閒事。不要對別人有太強的歸屬感，否則，會弄得你自己都不屬於自己了。不要濫用友誼，也不要向朋友要求他們不想給的東西。過猶不及都不好，和別人打交道尤其如此。

只要你能夠做到適中和節制，就能得到他人的青睞與尊重。能做到有理有節是很寶貴的，這將使你永遠受益無窮。要有充分的熱情關懷盡善盡美的事物，絕不要糟蹋了你自己的高雅趣味。

對好朋友也要客氣有禮

許多人交友處世常常涉入這樣一個錯誤觀念：好朋友之間無須講究客套。他們認為，好朋友彼此熟悉瞭解，親密信賴，如兄如弟，財物不分，有福共享，講究客套太拘束也太見外了。其實，他們沒有意識到，朋友關係的延續是以相互尊重為前提的，容不得半點強求、干涉和控制。彼此之間，情趣相投、脾氣對味則合、則交，反之，則離、則絕。

朋友之間再熟悉，再親密，也不能隨便過頭，不講客套，這樣，默契和平衡將被打破，友好關係將不復存在。因此，對好朋友也要客氣有禮，可以不強調自己的「面子」，但不可以不給朋友面子。和諧深沉的交往需要充沛的感情為樞紐，這種感情不是矯情做作的，而是真誠的自然流露。中國素稱禮儀之邦，用禮儀來維護和表達感情是人之常情。當然，我們說好朋友之間講究客套，並不是說在一切情況下都要僵守不必要繁瑣的禮儀，而是強調好友之間相互尊重，不能跨越對方的禁區。

每個人都希望擁有自己的一片小天地，朋友之間過於隨便，就容易侵入這片禁區，進而引起隔閡衝突。比如，不問對方是否空閒、願意與否，任意支配或占用對方已有安排的寶貴時間，一坐下來就講不停，全然沒有意識到對方的難處與不便；一味追問對方深藏心底不願啟齒的祕密，一味探聽對方祕而不宣的私事；忘記了「人親財不親」的古訓，忽視朋友是感情一體，而不是經濟一體的事實，花錢不記你我，用物不分彼此……凡此等等，都是不尊重朋友，侵犯、干涉他人的壞現象。偶然疏忽，可以理解，可以寬容，可以忍受。長此以往，必生間隙，導致朋友的疏遠或厭倦、友誼的淡化和惡化。因此，好朋友之間也應講究客套，恪守交友之道。

對朋友放肆無禮，最容易傷害朋友，其表現有如下種種，不可不小心約束：

一、過度表現，言談不慎，使朋友的自尊心受到傷害

也許你與朋友之間無話不談，十分投機。也許你的才學、相貌、家庭、前途等等令人羨慕，高出你朋友一些，這使你不分場合，尤其與朋友在一起時，會大露鋒芒，表現自己，言談之中會流露出一種優越感，這樣會使朋友感到你在居高臨下對他說話，在有意炫耀抬高自己，他的自尊心受到傷害，不由產生敬而遠之的意念。所以，在與朋友交往時，要控制情緒，保持理智平衡，態度謙遜，虛懷若谷，把自己放在與人平等的地位，注意時時想到對方的存在。

二、彼此不分，違背契約，使朋友對你產生防範心理

朋友之間最不注意的是對朋友物品處理不慎，常以為「朋友間何分彼此」，對朋友之物，不經許可便擅自拿用，不加愛惜，有時遲還或不還，一次兩次礙於情面，不好意思指責；久而久之，會使朋友認為你過於放肆，產生防範心理。實際上，朋友之間除了友情，還有一種微妙的契約關係。以實物而言，你和朋友之物都可隨時借用，這是超出一般人關係之處。然而你與朋友對彼此之物首先有一個觀念：「這是朋友之物，更當加倍珍惜。」「親兄弟，明算帳。」注重禮尚往

來的規矩，要把珍重朋友之物看做如珍重友情一樣重要。

三、過於散漫，不拘小節，使朋友對你產生輕蔑、反感

朋友之間，談吐行動理應直率、大方、親切、不矯揉造作，方顯出自然本色。但過於散漫，不重自制，不拘小節，則使人感到你粗魯庸俗。也許你和一般人相處會以理性自約，但與朋友相聚就忘乎所以。或比手畫腳，或信口開河、海闊天空，或在朋友言語時肆意打斷，譏諷嘲弄，或顧盼東西，心不在焉，也許這是你自然流露，但朋友會覺得你有失體面，沒有風度和修養，自然對你產生一種厭惡輕蔑之感，改變了對你的原來印象。所以，在朋友面前應自然而不失自重，熱情而不失態，做到有分寸，有節制。

四、隨便反悔，不守約定，使朋友對你感到不可信賴

你也許不那麼看重朋友間的某些約定，對於朋友們的活動總是姍姍來遲，對於朋友的要求都爽快答應，之後又中途變卦。也許你真有事情，耽誤了一次約好的聚會，或沒完成朋友相託之事，也許你事後輕描淡寫解釋，認為朋友間應當相互諒解寬容，區區小事不足掛齒。殊不知，朋友們會因你失約而心急如焚，掃興而去。雖然他們當面不會指責，但必定會認為你在玩弄朋友的友情，是在逢場作戲，是反覆無常、不可信賴的人。所以，對朋友之約或所託，一定要慎重對待，遵時守約，要一諾千金，切不可言而失信。

五、乘人不備，強行索求，使朋友認為你太無理、霸道

當你有事求人時，朋友當然是第一人選，可你事先不做通知，臨時登門提出所求，或不顧朋友是否情願，強行拉他與你同去參加某項活動，這都會使朋友感到左右為難。他如果已有活動安排不便改變，就會更難堪，對你所求，若答應，則打亂自己的計劃；若拒絕，又在情面上過意不去。或許他表面樂意而為，但心中就有幾分不悅，認為你太霸道，不講道理。所以，你對朋友有求時，必須事先告知，採取商量的口吻講話，儘量在朋友無事或情願的前提下提出所求。同時要記住：，己所不欲，勿施於人。

六、不知時務，反應遲緩，使朋友對你感到厭嫌

當你上朋友家拜訪時，若遇上朋友正在讀書學習，或正在接待客人，或正和戀人相會，或朋友準備外出等，你也許自恃摯友，不顧時間場合，不看朋友臉色，一坐半天，誇誇其談，喧賓奪主，不管人家早已如坐針氈，極不耐煩了。這樣，朋友一定會認為你太沒有教養，不識時務，不近人情，以後就想方設法躲避你，害怕你再打擾他的私生活。所以，每逢此時此景，你一定要反應迅速，稍稍寒暄幾句就知趣告辭。珍惜朋友的時間和尊重朋友的私生活，如同珍重友情一樣可貴。

七、用語尖刻，亂尋開心，使朋友突然感到你可惡可恨

有時你在大庭廣眾面前，為炫耀自己能言善辯，或為譁眾取寵逗人一樂，或為表示與朋友之「親密」，亂用尖刻詞語，盡情挖苦嘲笑諷刺朋友或旁人，大出其洋相以搏人大笑，獲取一時之快意，竟不知會大傷和氣，使朋友感到人格受辱，認為你變得如此可恨可惡，後悔誤交了你。也許你還不以為然，會說：朋友之間開個玩笑何必當真?殊不知，你已先損傷了朋友之情。所以，朋友相處，尤其在眾人面前，應和藹相待，互敬互慕互尊，切勿亂開玩笑，用惡語傷人。

八、過於小氣，斤斤計較，使朋友認為你是吝嗇之人

你可能在擇友交友時，認為朋友以友情勝於一切，金錢是無足輕重的小事。

這種思想使你與朋友相處時顯得過於拮据，事事不出分文；或患得患失，唯恐吃虧。對朋友所饋慨然而受，自己卻一毛不拔，這會使朋友感到你視金如命，是個吝嗇之人。所以，朋友之交，過於拮据顯得吝嗇小氣；而慷慨大方則顯得豪爽大度，會使友情牢固。

讓你的朋友表現得比你更優越

安德魯•卡內基是美國的鋼鐵大王，他白手起家，既無資本，又無鋼鐵專業知識和技術，卻成為舉世聞名的鋼鐵鉅子，這當中充滿著神奇的色彩，使許多人迷惑不解。

有一位記者好不容易才令卡內基接受採訪，他迫不及待地劈頭問：「您的鋼鐵事業成就是公認的，您一定是世界上最偉大的煉鋼專家吧？」

卡內基哈哈大笑地回答：「記者先生，您錯了，煉鋼學問比我強的，光是我們公司，就有兩百多位呢！」

記者詫異道：「那為什麼您是鋼鐵大王？您有什麼特殊的本領？」

卡內基說：「因為我知道如何鼓勵他們，使他們能發揮所長為公司效力。」

確實，卡內基創辦的鋼鐵業是靠其一套有效辦法發揮員工所長取得發展的。卡內基的鋼鐵廠曾因產量上不去，效益甚差。卡內基果斷地以一百萬美元年薪，聘請查理·斯瓦伯為其鋼鐵廠的總裁。

斯瓦伯上任後，激勵日夜班工人進行競賽，這座工廠的生產情況迅速得到改善，產量大大提高，卡內基也從此逐步走向鋼鐵大王的寶座了。

可見，卡內基是十分聰明的，如果他自命是最偉大的煉鋼專家，那麼，至少會導致一些水平與其不相上下的專家不肯為其效力，即使是斯瓦伯這樣的管理專家，也不會被看重使用，而人們也不會如此敬仰卡內基了。

法國哲學家羅西法古說：「如果你要得到仇人，就表現得比你的朋友優越吧；如果你要得到朋友，就要讓你的朋友表現得比你優越。」

為什麼這句話是事實?因為當我們的朋友表現得比我們優越，他們就有了一種重要人物的感覺，但是當我們表現得比他還優越，他們就會產生一種自卑感，造成羨慕和嫉妒。

紐約市中區人事局最得人緣的工作介紹顧問是亨麗塔，但是過去的情形並不是這樣。在她初到人事局的頭幾個月當中，亨麗塔在她的同事之中連一個朋友都沒有。為什麼呢？因為每天她都使勁吹噓她在工作介紹方面的成績、她新開的存款戶頭，以及她所做的每一件事情。

「我工作做得不錯，並且深以為傲，」亨麗塔對拿破侖・希爾說，「但是我的同事不但不分享我的成就，而且還極不高興。我渴望這些人能夠喜歡我，我真的很希望他們成為我的朋友。在聽了你提出來的一些建議後，我開始少談我自己而多聽同事說話。他們也有很多事情要吹噓，把他們的成就告訴我，比聽我吹噓更令他們興奮。現在，當我們有時間在一起閒聊的時候，我就請他們把他們的歡樂告訴我，好讓我分享；而只在他們問我的時候，我才說一下我自己的成就。」

蘇格拉底也在雅典一再地告誡他的門徒：「你只知道一件事，就是你一無所知。」

無論你採取什麼方式指出別人的錯誤：一個蔑視的眼神、一種不滿的腔調、一個不耐煩的手勢，都有可能帶來難堪的後果。你以為他會同意你所指出的嗎？

絕對不會！因為你否定了他的智慧和判斷力，打擊了他的榮耀和自尊心，同時還傷害了他的感情。他非但不會改變自己的看法，還要進行反擊，這時，你即使搬出所有柏拉圖或康德的邏輯也無濟於事。

永遠不要說這樣的話：「看著吧！你會知道誰對誰錯的。」這等於說：「我會使你改變看法，我比你更聰明。」——這實際上是一種挑戰，在你還沒有開始證明對方的錯誤之前，他已經準備迎戰了。為什麼要給自己增加困難呢？有一位年輕的紐約律師，他參加了一個重要案子的辯論，這個案子牽涉到一大筆錢和一項重要的法律問題。在辯論中，一位最高法院的法官對年輕的律師說：「海事法追訴期限是六年，對嗎？」

律師愣了一下，看看法官，然後率直地說：「不。庭長，海事法沒有追訴期限。」

這位律師後來說：「當時，法庭內立刻靜默下來。似乎連氣溫也降到了冰點。雖然我是對的，他錯了，我也如實地指了出來，但他卻沒有因此而高興，反而臉色鐵青，令人望而生畏。儘管法律站在我這邊，但我卻鑄成了一個大錯，居

然當眾指出一位聲望卓著、學識豐富的人的錯誤。」

這位律師確實犯了一個「比別人正確的錯誤」。在指出別人錯了的時候，為什麼不能做得更高明一些呢？英國十九世紀政治家查士德斐爾爵士曾對他的兒子做過這樣的教導：「要比別人聰明，但不要告訴人家你比他更聰明。」

德國有一句諺語，大意是這樣的：「最純粹的快樂，是我們從那些我們的羨慕者的不幸中所得到的那種惡意的快樂。」或者，換句話說：「最純粹的快樂，是我們從別人的麻煩中所得到的快樂。」是的，你的一些朋友，從你的麻煩中得到的快樂，極可能比你的勝利中得到的快樂大得多。

因此，我們對於自己的成就要輕描淡寫。我們要謙虛，這樣的話，永遠會受到歡迎。

求人幫忙的時候態度更要謙卑

人和人的關係從實質上來講，在平常都是平等的，沒有尊卑和貴賤。

首先，求人，你要弄清你求的是誰，和你是怎樣的關係。儘管你們過去是同事或者你曾是他的上司，但這次你去求他，他就是你的「上司」。第二，求人就要有求人的誠懇，說話辦事，就要合乎自己當時的身分，過去你是他的上司，當然可以頤指氣使；可今天你拜託到人家的門口，你就必須謙遜三分。因為此一時，彼一時也。你不低頭相求，人家會幫你忙嗎？弄清了自己的地位，低頭時也就順理成章，表情自然了。

在與人交往的過程中，尤其是拜託別人的時候，低頭也是有學問的。

一、你求人家，就要主動，而且要恭敬誠懇

劉備三顧茅廬時，諸葛亮不過是一介布衣，可劉備為了請他出山，必須以尊為卑，因為他的目的在於奪取天下，想讓諸葛亮為自己「展呂望之大才，施子房之鴻略」。如果像張飛想像的那樣，用一條繩索捆綁來，那麼他不僅得不到諸葛亮，也不會有後來的蜀漢江山。

二、拜見人家，寧願你等人，不要讓別人等你

下邳圯老人想賜教於張良，約見時連續兩次，張良都遲到了。因而引起了老人不滿。到了第三次，張良很早就等在了那裡，這時老人才給了他一部《太公兵法》。

三、求人家把事辦成後，要有報答

求人的目的在於讓別人幫助自己，一旦目標達到之後，要有一定的表示才行。韓信不得志的時候，乞食漂母。到他封侯拜將之後，他找到了那位當年在河邊洗衣的老婦，以千金相贈。展現了人際交往中，滴水之恩，湧泉相報的人之常情。求人辦事，應有報答的道理也就在這裡。

四、做好失敗的準備

人們在辦事時，都希望自己所想或所做的事獲得成功，但客觀現實又往往不遂人願。有的事成功了，有的事沒有成功；有的事部分地成功了，有的事卻完全失敗了。

事情成功了，令人興奮；事情沒有成功或搞砸了，叫人懊惱、悲傷。尤其是求人辦事前寄予的成功「期望值」越大，而一旦事情沒有成功或失敗之後，其失落感就越強，心理上越得不到平衡，由此內心的悲傷、痛苦就越強烈。這種狀態，勢必影響工作，妨礙身心健康，貽害無窮。

因此，在辦事之前，要先權衡一下彼此的份量。

古人云：知己知彼，百戰百勝。你對自己都沒有正確的、客觀的認識，連自己的「能力」都不清楚，盲目地衝撞，就不可能獲得最大的成功。

比如，某畢業生找工作，當時有兩種選擇，是應聘某公司祕書一職呢，還是應聘某工廠招收的助理呢，她選擇了前者。結果失敗而回，又錯過了工廠助理的機會，使得她一段時間內萎靡不振。

顯然，這畢業生就是沒有正確評估自己，對應聘祕書一職寄予的「期望值」太大，也太存僥倖，因而做了錯誤的選擇。因為，她學歷較低，寫作和溝通表達水平都很普通，怎麼可能做祕書呢？

要對自己所做的事以及與之相關的東西要有全面、客觀的分析。另外，我們辦事前要有成功與不成功的兩種思想準備。對事情只想到成功，而不想到失敗，似乎是不客觀、不現實的態度。我們做任何事之前都要有兩面的準備，不因事情順利而沾沾自喜、忘乎所以；也不因事情受挫而悲觀失望、牢騷滿腹。

積極接受別人的意見，善於改進自己

在日常生活中，有太多的人想要迫使別人接受自己的意見，因為我們總認為自己是對的。這種想法，使我們沒有改進自己的餘地，也在通往成功的路徑上設下了障礙。想像一下，十個當代最有名望的畫家齊聚一堂，圍繞著一張圓桌而坐，一起對擺在圓桌當中的一個蘋果進行素描。每一個人畫出來的蘋果都不會一樣，因為每一個人看到的角度都不相同。

「意見」也有同樣的道理。信念的異同，取決於身世與環境的各種因素，我們就是靠這些因素來決定我們的意見。固執己見的悲劇，在於它阻止了成長、進步和充實自己。它使我們自認為十全十美，但事實上，世界上沒有人永遠十全十

美。固執己見者為了防衛自己的弱點，必然無法快樂而被孤立，這已是不爭的結論。

你如何才能避免固執己見？只要你肯聽聽別人的想法，就可以做到。你的意見可能是錯的，你應該有「聞過則改」的雅量。

固執己見是一種消極的態度，心胸開闊才是應有的態度。前者會導致失敗與孤立，後者則是獲得成功與友誼的保證。

只要你肯向別人伸出友誼的手，只要你肯學習別人的長處，只要你瞭解別人和我們一樣有獲得成功的權利，你就不會再堅持己見了。你內心的成功元素會再度展開活動，而內心的失敗元素自然就會偃旗息鼓了。

請記住十九世紀美國詩人羅威爾的話：「只有蠢人和死人，永不改變他們的意見。」嚴重的固執己見容易導致剛愎自用，培養謙卑的心態是極為必要的。

生命的意義，就是改變。你每天的想法都會改變。道理很簡單，因為你每天都不一樣，而且每天的情況也不同，生命就是這個樣子。自然界也因四季的變換而依序進展。你想像一下，如果一棵樹在春天時倔強地拒絕抽發新芽，如果一朵花倔強地拒絕開放，如果一顆蔬菜或一粒果實倔強地拒絕生長或成熟，世界會變成什麼樣子？

你是否剛愎自用？你是否拒絕身體的改變與成長？你是否抗拒創造性的生活？抗拒微笑、友誼、寬恕和四海之內皆兄弟的觀念？

十六世紀的法國散文家孟達尼曾說：「剛愎與衝動，就是愚蠢的明證。」要想從有限的生命中求取更多的生活，從小就必須開始革除消極感。這種感覺，是培育頑固、剛愎、忌妒與惰性的溫床；這些習性能使你喪失抵抗力，而萎縮成微小的細菌。你是一枚微小的細菌，還是一個完整的人？答案在自己的內心之中。只要你能寬恕自己、關愛自己，你就能克服剛愎自用的心理，培養謙卑的心態。

樂觀的心態

我們遇到的問題不一定是問題，如果遭受挫折時千萬別急於否定一切，相信明天的我絕不是今天的我，我相信自己是幸福的，也永遠對生活充滿希望。

處在什麼樣的環境不重要

一輛耀眼的汽車穿過紐約市中心的公園，車裡除了司機，還有一位百萬富翁。百萬富翁注意到：每天上午都有位衣著破爛的人坐在公園的長椅上盯著他住的旅館看。

一天，百萬富翁對此產生了極大的興趣，他要求司機停下車並走到那人的面前說：「請原諒，我真不明白你為什麼每天上午都盯著我住的旅館看。」

「先生，」這人答道，「我沒錢，沒家，沒房子，我只得睡在這長椅上。不過，每天晚上我都夢到住進了那所家旅館。」

百萬富翁靈機一動，洋洋自得地說：「今晚讓你如願以償。我將為你在旅館

租一間最好的房間並付好房租。」

幾天後，百萬富翁路過這人的房間，想打聽一下他是否對此感到滿意。然而，他出人意料地發現這人已搬出了旅館，重新回到了公園的長椅上。當百萬富翁問這人為什麼要這樣做時，他答道：「一旦我睡在凳子上，我就夢見我睡在那所豪華的旅館，真是妙不可言；一旦我睡在旅館裡，我就夢見我又回到了冷冰冰的凳子上，這夢真是可怕極了，以致完全影響了我的睡眠！」

在很多的時候，我們處在什麼樣的環境中真的不是很重要，最重要的是：要保持良好的心態。樂觀就是一種優良的心態。

心理學家馬丁•賽格曼創造了「樂觀成功論」，即具有樂觀精神的人，更容易獲得成功。

他曾對某公司新招收的五千名推銷員進行樂觀心態的測試。有幾位員工在公司的常規知識測試中不及格，而在樂觀素質測試中得了最高分。他稱這幾位是「超級樂觀者」。

經追蹤調查，他們在第一年的推銷業績比那些「悲觀者」多了百分之二十，第二年竟高出百分之五十七。之後，該公司就將「賽氏測試」作為招募新員工的主要測試準則。

樂觀的心境有利於開發人的創造力，積極肯定自我。

我們要讓昨天所有的不快、失落化成雲煙，只留下經驗教訓做今天快樂的基礎；要把對明日的憂愁擔心全部拋在腦後。人只有保持樂觀時，才會有完整的自我、積極的創造，寧願做一個樂觀的失敗者，也不要做個雖獲得成功但終日憂心忡忡的人。

樂觀是無價的，在沉重的打擊面前，需要有處事不驚的樂觀心態，這樣就能戰勝沮喪，化坎坷崎嶇為康莊大道。你可能一時丟掉了原本屬於你的東西，或是毀了一次大好機會，但是，在精神上絕不能消沉下去。冷靜而達觀，愉快且坦然，是成功的催化劑，是另闢道路、迎接勝利的法寶。

一天，美國作家拉馬斯・卡萊爾的《法蘭西革命》一書手稿，女僕誤作為引火材料燒燬了。幾年辛勞，付諸東流。一時之間，卡萊爾不免捶胸頓足。但是沒多久，他對燒毀之災釋然一笑的樂觀胸襟，使這位作家跨越了危機，重新振作起來。後來，他重新一字一句地寫完了這本書，而此書也成了經久不衰的名著。

一個人要能自在自如地生活，心中就需要多一份坦然。笑對人生的人，比起在曲折前悲悲慼慼的人，始終堅信前景美好的人，較之心頭常常密布陰雲的人，更能得到成功的垂青。

別老看那不好的一面

班傑明・富蘭克林的成功激勵了一代又一代美國人。

富蘭克林說：世界上有兩種人，他們的健康、財富以及生活上的各種享受大致相同，結果，一種人是幸福的，而另一種卻得不到幸福。他們對物、對人和對事的觀點不同，那些觀點對於他們心靈上的影響因此也不同，苦樂的分界主要也就在於此。

一個人無論處於什麼地位，遭遇總是有順利和不順利；無論在什麼交際場合，所接觸到的人物和談吐，總有討人喜歡的和不討人喜歡的；無論在什麼地方的餐桌上，酒肉的味道總是有可口和不可口的，菜餚也是煮得有好有壞；無論在

什麼地帶，天氣總是有晴有雨；無論什麼政府，它的法律總是有好的，也有不好的，而法律的施行也是有好有壞。

天才所寫的詩文有美點，但也總可以找到若干瑕疵；差不多每一個人的臉上，總可找到優點和缺陷；差不多每一個人都有他的長處和短處。在這些情形之下，上面所說的這兩種人所注意的目標恰好相反。

樂觀的人所注意的是順利的際遇、談話之中有趣的部分、精緻的佳餚、美味的好酒、晴朗的天氣等等，同時盡情享樂。

悲觀的人所想的和所談的卻只是壞的一面，因此他們永遠感到不快樂不順利，他們的言論在社交場所大煞風景，因此還會得罪許多人，以致他們到處和別人格格不入。

如果你召開一次業務會議，結果其中有一位主管未能及時到場，這時你心中的感受就取決於你所關注的焦點所在。在你心中對於他之所以不能到場持什麼樣的看法呢?是他根本就不在乎這場會議，還是他碰巧遇上了什麼困難?這就要看你是從什麼角度去看了，你有什麼樣的意識，就會造成什麼樣的情緒。

如果他不能及時到場，是因為正和別人如火如荼地談一筆大生意，你卻因他不在場而發火，待日後知道真相時那如何是好？別忘了，我們所關注的焦點往往會決定我們的情緒，所以最好不要動不動便貿然下結論。

如果你想讓心情馬上好起來，那也很容易，只要把關注的焦點放在曾經使你快樂的事情上，不管是跟你的家人、朋友或任何人都行。

你也可以把關注的焦點放在未來的美夢上，提早感受你將來成功時的興奮與快樂，那可以帶給你拿出行動去付諸實現的幹勁。

假想你去參加一個宴會，隨身帶了一台攝影機。整個晚上，若是你把鏡頭一直對著大廳左側一對在爭吵的夫妻身上，是不是連帶著自己的心情也跟著不愉快了呢？就因為你一直注意著他們的爭吵，進而心裡興起了：「真是糟糕的一對，好好的宴會都被破壞了。」這樣的念頭。

然而，要是你整個晚上都把關注的焦點放在大廳的右側，那裡圍坐著一群高聲談笑的來賓，這時若有人過來跟你攀談你對這場宴會的感覺，相信你一定會這麼說：「噢，這場宴會真是棒極了！」

富蘭克林說：「我們的一生有太多地方可以去注意的了，隨便你怎麼去看，但為何偏偏就是有那麼多人只看消極而無法控制的那一面呢？」

丟掉過去的包袱

有一些人，由於受不正確思想的影響，並且在與他人交往中，特別是在過去的經驗中，有過受欺騙、被玩弄甚至被出賣的切身感受，由此看破「紅塵」，因而產生一種悲觀心理，把自己內心禁錮起來，與世無爭，與人無交。為了幫助這樣的人從自我封閉中解脫出來，克服悲觀心理和態度，糾正錯誤的觀念，需要瞭解如下原則：

一、克服「世態炎涼，人情冷暖」的觀念

「世態炎涼，人情冷暖」主要是指已在人際交往中，人們反目成仇，以怨報德，落井下石，等等。對於這句老話，我們並不一概否定。應該說，在剝削階級

社會裡，「世態炎涼，人情冷暖」是一個較普遍的事實。在今天，儘管不能把我們的社會理想化，但一般來說，在我們的國家裡，世態並不是時炎時涼的，人情也不是忽冷忽暖的。雖說在人與人之間的關係上，還存在著一些醜惡的現象，但這不是世態的主流。要是將個別說成一般，把螞蟻說成大象，就是形而上學的觀點。不能因一個人以怨報德，就懷疑一切人都是以怨報德者。

二、克服「人心隔肚皮，知人知面不知心」的觀念

「人心隔肚皮」沒錯，不能「知心」卻不對。不是「人心不可知」、「人心莫測」，而是自己想不想「知」，想不想「測」；再就是自己會不會「知」，會不會「測」。

三、克服「人在人情在，人死萬事空」的觀念

人與人間的情誼，是以相互存在為條件的。雖然對於死者來說，他一死就什麼都不存在了，自然也就談不上與他人的情誼了。但對於活著的另一方來說，雖然對方不存在了，但與對方生前所建立起來的情誼，卻仍然深埋在心底，並沒有隨之滅亡。即使活著的一方也死了（這是必然的），那如果他們所建立的情誼是

真誠的親密的話，仍然會活在後人的心中，這成為留給後人的一筆精神財富，必將一代一代傳下去，與天地共存。所以，問題不在於死後還有沒有人與人之間的情誼，而在於活著的時候，是否與人建立了深厚的情誼。

誠然，社交中不順心的事很多，不會一切如意。假如你遭到過挫折和失敗，便從此產生一種悲觀的情緒，不願與人交往了，那麼，則是一種因噎廢食的表現。當你遇到挫折和失敗的時候，一需要忍耐，二需要自我安慰，三需要自我調理，四需要尋求社交溫暖，以排除心中過去失敗之苦。

改變思想，改變你的一生

克萊里・薩弗讓說：「如果你能改變你的思想，從悲觀走向樂觀，你便可以使你的一生發生改變。」

你覺得半杯茶是裝著一半，還是空著一半呢？由於研究人員對積極思想所產生的力量進行了研究，這些陳舊的話題，現在已經成為科學性的問題了。

美國一所研究機構至今已進行了一百零四項科學研究工作，研究對象達一萬五千人，已逐漸證明樂觀能幫助你變得更幸福，更健康，並且更能獲得成功；而悲觀呢？正相反，能導致你絕望、患上疾病和走向失敗。美國休士頓市賴斯大學心理學家克雷格・安德遜說：「如果我們能引導人們更樂觀地去思想，這就好比是給他們注射了防止精神疾病的預防針。」

心理學家解釋說：「你的才能當然重要，但相信自己一定能成功的想法常常成為決定你成敗的一個因素。」其原因是，樂觀的人與悲觀的人在遇到同樣的挑戰和失意時，各自採取的處理方式是截然不同的。

某保險公司僱用了一百名在應考中落選而在思想樂觀性上得分很高的人為營業員。這些人，在過去根本不可能被僱用，這次卻出乎意料，推銷成績比其他營業員成績高出許多。

他們是憑什麼做到這一點的呢？按照心理學家塞立格曼的說法，樂觀者成功的祕訣，在於他們的「解釋方式」。當事情出了差錯時，悲觀者傾向於責備自己。「我不善於做這個，」他說，「我總是失敗。」而樂觀者則去找出錯的漏洞。若是事情很順利，樂觀者就歸功於自己，而悲觀者卻把成功視為僥倖。

克雷格·安德遜曾經讓一批學生打電話給陌生人，請他們為紅十字會捐血。當他們打了幾次電話而毫無結果的時候，悲觀的學生就說：「我說服不了別人，我做不了這種事。」樂觀的則對自己說：「我來換個辦法再試試。」

安德遜認為：「如果人們感到失望，那他們就不會去獲取成功必須的技能。」

樂觀者感覺自己的命運是操縱在自己的手上，如果事情不妙，他便迅速採取行動，尋找措施，擬定一個新的行動計劃，並且博採眾家之見；悲觀者則覺得自己處處受命運的捉弄，因而遲遲不肯行動。他認定了自己無計可施，因此也不向他人求教。

樂觀者會認為他們比既成事實顯現的還要高出一籌，有時，這種感覺能使他們生存下去。有癌症研究醫生對患有晚期乳癌的病婦進行一番調查研究，發現平常比較樂觀的病人在接受治療後，不復發的時間維持的較長。這就是生存的最佳精神狀態。而悲觀的病婦病情發展要快一些。

樂觀雖不能治療不治之症，但可以防止普通的疾病。在一項長期研究中，研究人員調查了一批哈佛大學畢業生的健康史。他們在班級裡成績都是中等以上，而且健康狀況良好。然而其中有的人思想是樂觀的，有的人卻悲觀消極。二十年以後，患有中年人疾病的，例如高血壓、糖尿病和心臟病等等，悲觀者的人數超過了樂觀者。

很多研究結果顯示，悲觀者無能為力的感覺會削弱人體自身的天然防線——免疫系統。醫生發現，悲觀的人都不會很好地照顧自己。他們覺得自己很被動，不能承受生活的打擊，無論他怎麼做，都免不了生病和其他一些不幸的事臨頭。於是乎，他吃飯便狼吞虎嚥，不講究營養，不做健身運動，不去看醫生，卻從來忘不了喝酒。

大多數人都是兼有樂觀和悲觀的心理，塞格立曼說，這是一種「在母親的膝下」學到的思維模式。它是從千百次的警告或鼓勵、千百次的責備和表揚之中發展起來的。太多的「不准」和危險警告，會讓兒童覺得自己無能、恐懼——最終走向悲觀。

在兒童的成長過程中，都經歷過小小的成功的喜悅，類似學會了繫鞋帶。父母可以幫助他們把這些成就變換為自我感覺有控制的意念，進而進一步培養出他們的樂觀態度。

悲觀是一種不易更改的習性，但這不是絕對的。在一系列使人關注的研究中，美國伊利諾大學的卡羅爾・德維克醫生曾為一些小學低年級的兒童工作了一段時間，由於她幫助學習成績不好的學生改變了他們對自己的解釋方式，從「我是個笨蛋」改為「我沒有用功讀書」。結果，這些學生的學年考試成績都有了明顯的進步。

如果你是悲觀主義者，那麼按下面的方法去做，你就能改變：

首先，在不如意的事情發生時，請注意你自己的想法，把最先出現在頭腦裡的東西，不加修飾也不增刪地寫下來。

接著，做一個試驗。做一件與消極反應相對立的事。例如當工做出了差錯，你是否心裡想：「我恨我的工作，但我永遠不可能找到一個更好的工作？」做出與此想法相反的行動：寄出去幾份履歷表，去參加面試，去找招募的消息。

然後，注意事態的發展。你最初的想法是正確的還是錯誤的？「如果你的想法使你退縮，那就改變它，這種辦法雖不一定奏效，卻能給你提供一個機會。」

積極的思想能帶來積極的行動和反應，已經有了證明的依據，只有你希望在這個世界上得到點什麼，你才有可能得到它。

問題不一定是問題

亞伯拉罕・林肯曾說過一個非常有趣的故事：

有個鐵匠把一根長長的鐵條插進炭火中燒得通紅，然後放在鐵砧上敲打，希望把它打成一把鋒利的劍。但打成之後，他覺得不滿意，又把劍送進炭火中燒得透紅，取出後再打扁一點，希望它能做種花的工具，但結果還是不滿意。

就這樣，他反覆把鐵條打造各種工具，卻全都失敗了。最後，他從炭火中拿出火紅的鐵條，茫茫然不知如何處理。在無計可施的情形下，他把鐵條插入水桶中，在一陣嘶嘶聲響後說：「唉！起碼我也能用根鐵條弄出嘶嘶的聲音。」

如果我們都有故事中鐵匠的心胸，那還有什麼失敗和挫折能夠傷害我們呢？

安徒生有一則名為《老頭子總是不會錯》的童話，講述的是這樣一個故事：鄉村有一對清貧的老夫婦，有一天他們想把家中唯一值錢的一匹馬拉到市場上去換點更有用的東西。老頭牽著馬去趕集了，他先與人換得一頭母牛，又用母牛去換了一隻羊，再用羊換來一隻肥鵝，又把鵝換了母雞，最後用母雞換了別人的一大袋爛蘋果。

在每次交換中，他都想給老伴一個驚喜。

當他扛著大袋子來到一家小酒店歇息時，遇上兩個英國人。閒聊中他談了自己趕集的經過，兩個英國人聽得哈哈大笑，說他回去一定會挨老婆一頓揍。老頭子堅稱絕對不會，英國人就用一袋金幣打賭，三人於是一起回到老頭子家中。

老太婆見老頭子回來了，非常高興，她興奮地聽著老頭子講趕集的經過。每聽老頭子講到用一種東西換了另一種東西時，她都充滿了對老頭的欽佩。

她嘴裡不時地說著：「哦，我們有牛奶了！」

「羊奶也同樣好喝。」

「哦，鵝毛多漂亮！」

「哦，我們有雞蛋吃了！」

最後聽到老頭子背回一袋已經開始腐爛的蘋果時，她同樣不慍不惱，大聲說：「我們今晚就可以吃到蘋果餡餅了！」

結果，英國人輸掉了一袋金幣。

從這個故事中我們可以領悟到：不要為失去的一匹馬而惋惜或埋怨生活，樂觀一點，既然有一袋爛蘋果，就做一些蘋果餡餅好了，這樣生活才能妙趣橫生、和諧幸福，而且，你有可能獲得意外的收穫。

在失望的時候你該如何自處？愛德加・伯根的方法值得借鑑。有一天他郵購一本攝影的書，從此他天天等著郵差上門來。最後，郵差總算送來他的包裹。愛德加打開包裹，滿心歡喜卻像是被人當頭潑了一盆冷水，原來包裹裡面裝的不是他訂的攝影書籍，而是一本關於腹語術的書。

愛德加馬上又把書包起來，準備寄回去，可是轉念一想，既然這本書就在手上，何不看看再說呢？

你也許猜得到結局如何了，愛德加後來變成知名的腹語專家，他創造了許多

可愛的角色，他的演出廣受世人欣賞並大大的成功了。

愛德加•伯根的信念其實很簡單——他拿到一個檸檬，於是就搾了一杯檸檬汁。只要你凡事往好處想，好處就會到來。

每一個問題之中都藏著解決的方法，只要你真正拿出行動，用積極樂觀的心態去面對，事情就終有解決的時候。不管情緒有多痛苦，如果你按照下述六個步驟去做，就可以很快地打破消極的念頭，進而找出脫困的方法。

一、確認你真正的感受

人們並不經常確切地知道自己真正的感受，只是一頭栽進那些負面情緒裡，承受不當的痛苦折磨。其實他們並不需要這麼苦待自己，只要稍微往後退一步，問問自己這句話：「此刻我是什麼樣的感受？」如果你直覺地便認為憤怒，那麼再問問自己：「我真是覺得憤怒嗎？抑或是其他？也許我真正的感受只是覺得自尊心受了傷害，或者覺得自己損失了些什麼。」當你明白了真正的感受只是受傷或者受損失，那麼它對你的影響就不如憤怒來得強烈。

只要你肯花點時間去確認真正的感受，隨之針對情緒提問一些問題，那麼就能降低所感受的情緒強度，以客觀且較理性的態度處理問題，自然就能更快且更順手了。

譬如說，如果你覺得自己不為別人所接納，那麼就這麼問自己：「到底我是被人完全拒絕，還是有條件的拒絕？我是真被拒絕了呢，還是只有些悵然？對這樣的拒絕，我是否真的那麼不舒服？」請不要忘了轉換詞彙的神奇魔力，它可以很快地降低我們情緒的強度，再加上如果你真能確認自己的感受，那麼從情緒中必然可以很快地學習到不少東西。

二、肯定情緒的功效，認清它所能給你的幫助

絕對不可「扭曲」情緒的積極功能，任何事物若是被「預設了立場」，那麼我們就無法看出它的真貌，而別人善意的建議也無從接受了。幸好我們的腦子並不是那麼愚頑不靈，當有時候我們那一套行不通時，它就會提供正面的建議，告訴我們有些地方必須改變，可能是認知，也可能是行動。

如果我們依賴情緒，就算是對它並不完全瞭解，也應該明白它具有幫助我們的功能，我們就可走出內心的煎熬，很容易找出問題的解決之道。一味地壓抑情

緒，企圖減輕它對我們的影響不但沒用，反而會更加纏著。因此，對於一切你所認為的「負面情緒」都該重新檢討，為它們重新定位，日後當你再遇上相同的情況，那些情緒不但不再困擾你，反倒能帶你走進另一片天空。

三、好好注意情緒所帶來的訊息

還記得改變情緒所能產生的力量嗎？當你為某種情緒所困時，要想把它擺脫掉的最有效的辦法，就是重新認識情緒的真義，以積極的態度去解決問題，讓壞情緒不再。

日後當你有某種情緒的反應時，要帶著探究的心理，去看看那種情緒真正帶給你的是什麼。此刻你到底得怎麼做才能使情緒好轉？如果你覺得孤單，不妨問問自己：「我是不是真的孤單呢？抑或是自己曲解了？事實上我的周圍有不少朋友，如果我能讓他們知道我要去看他們，他們是否也會很樂意來看我呢？這種孤單的感覺是否提醒我該拿出行動，多跟朋友聯繫呢？」

各位可以運用下面四個問題，來幫助你改變情緒：

「到底我想怎麼樣？」

「如果我不想這麼繼續下去，那得怎麼做呢？」

「對於目前這個狀況我得如何處理才好？」

「我能從其中學到些什麼？」

只要你對情緒有真正的認識，那麼就必然能從其中學到很多重要的東西，不僅在今天能幫助你，在未來亦復如此。

四、要有自信

你對自己要有信心，確信情緒是能夠隨時掌控的。掌控情緒最迅速、最簡單且最有效的方法，就是記取過去曾經有過的經驗，然後針對目前的狀況，擬出可以讓你成功掌控情緒的策略。由於過去你曾面對並處理過這種情緒，而現在對情緒又有了新的認識，相信這可以幫助你擬定策略。

如果你現在正處於某種情緒，那麼請你停下來回想一下過去類似的情緒經驗，當時是怎麼解決的？有無改變自己的意識？有無對自己提問某種問題？你是何種認知？你有沒有採取新的行動？你要如何拿來作為這一次的參考？只要你決定按照上次成功的模式去做，帶著信心，那麼這一次依然會如上一次地有效。

如果你目前覺得沮喪，而這種情緒以前也曾有過，但當時順利地消除了，那麼可以這麼提問自己：「當時我是怎麼做到的？是不是我拿出了什麼新的行動？是出去跑了一趟呢，還是打電話找朋友傾訴一番？」如果那一次的方法有效，那麼這一次你仍可以重來一遍，你將會發現這次的結果大致不差。

五、要確信你不但今天能控制，未來亦然

要想未來依然能夠很容易地掌控情緒，你必須對自己目前的做法有充分的信心才行，因為那在過去你已經使用過，並且證明確實有效，如今你只要重新拿出來使用即可。你要全心全意地去回想、去感受當時的情景，讓怎樣順利處理的經過深印在你的神經系統中。

此外，你要再想出其他三四種可能的處理方法，把它們寫在小紙條上，好時時提醒你自己。這些可能的處理方法包括：改變你的認知，改變你的溝通方式或改變你的行動等。

六、要以振奮的心情拿出行動

之所以振奮，是因為知道自己可以很容易地掌控情緒；而拿出行動，是為了

證明自己確有能力掌控，可千萬別讓自己陷於使不出力的情緒狀態之中。

當你熟知這六個簡單的步驟，差不多就能掌控跟我們人生最有關的幾個情緒，如果這六個步驟你又能運用得很靈活，日後就能很快地確認及改變情緒了。別忘了，處理情緒問題最好的時機，永遠是它剛出現時；當它已經困擾得讓你受不了，要想一下子斬斷就得費很大的勁。

只要你確實認識情緒的真實面貌，再加上能有效地運用這六個步驟，不用多久，便會發現自己在處理情緒上得心應手了。

別急於否定一切

「我再也不相信朋友了！」被最好的朋友出賣的人，為人作保卻無辜扛下龐大債務的人這麼說。

「我再也不要相信男人！」失戀的女人這麼說；失戀的男人也信誓旦旦地表示，不再相信女人。或者，不再相信愛情。

在人生中受到一點挫折的人，也可能因為「心血來潮」不再相信生命。有時，只是因為一點點不順利，我們就會認為整個世界都在和我們作對。人們的腦中好像有一種叫做憎恨的細菌，只要吸收到了一些腐敗的養料分，它就會無限制地分裂繁殖，急於否定一切，讓自己身陷於絕望的包圍。

樂觀的人當然也明白，人生不如意事十之八九，再怎麼努力，人們總是殊途同歸，什麼也帶不走；但也會明白，人生是不快樂白不快樂。如果能精力充沛地生活，為什麼一定要坐在陰暗的牆角，悲歎自己的命運，而且還連帶影響別人的心情呢？

伊麗莎白‧庫伯勒醫師，她一生都在幫助臨終的病患，也使得「安寧醫護」受到今日的醫界重視，讓人們在生老病死的循環中都能夠擁有尊嚴。晚年，她更執行計劃收養愛滋病嬰兒。為世界做了如此多的她，卻沒有得到應有的對待與回報。其他醫師們排擠她；她因過度熱心服務而賠掉了自己的婚姻、健康；附近的居民甚至一把火燒了她的房子，以防止她繼續做「危險的善事」。

她當然也詛咒過這個世界的無知與無情，灰心到了極點，但她總是選擇繼續勇敢地走下去，沒有因為「一小撮」的不義者而怨天尤人，阻擋了自己的理念。

療傷止痛才是對自己厚道，繼續徘徊不過是加深痛苦。在生活中，我們總會發現，抱怨最多的人，往往也是為別人找最多麻煩的人，從來沒有人因為抱怨世界而感到發自內心的快樂。雖然有時抱怨挺有效的，讓你從痛苦中暫時抽身，但它的作用，不過是在逃避選擇。

如果選擇讓自己沮喪失望，不如往好處想，慢慢地開始往前走。如果你決心做一個有趣的人，生活就不會那麼無趣；在面對艱難挑戰時，如果你有勇氣，世界也不會吝於將生命中最豐盈的感受回報你。

明天的我絕不是今天的我

我們都怕出錯，而且常常因出錯而受到指責。但是我們可以學著使自己的行動不受情緒的左右。

受到批評時，不必感到失望、不平或憤怒，而應把精力用來制定一項明確的計劃，以平息批評，重新起步。

如果你不願從錯誤中學習，便會千方百計地掩飾錯誤。隱藏的錯誤會成為你工作上的毒瘤，甚至危害到你的人際關係和事業；掩飾一個嚴重的錯誤，可能會犯下更多的錯誤，只為了去掩飾第一個錯誤。

如果你有責任心，就應勇於認錯。你應該對自己這麼說：「我的能力不僅於

此，下次我會表現得更好。」或：「我沒考慮到不利因素，以後我就知道該注意這件事了。」這就是「從錯誤中學習」的含義。

有時候我們又太勇於自責了。我會說：「這都是我的錯。」「我什麼事都做不好。」如果是我們的錯，自責倒也無妨，但明明不是我們的錯而強要自責，便有危險。喜歡自責的人內心常有「我是笨蛋，我是失敗者」的想法。這麼一來，下次你又會犯同樣的錯誤。或是你誤信自己的確是笨蛋，而根本不再嘗試了。奇怪的是，我們的確能安於失敗。不動腦筋的自憐，要比絞盡腦汁分析自己，籌思下次如何成功，來得容易多了。

記住：逆境中可能發生的危險只有一個——不恰當地歸咎自己。

你若開始以失敗者自居，便會真的成為失敗者。「你認為自己是怎樣的人，就會真的成為怎樣的人。」這句格言在此處同樣適用。

對於運動員的競技而言，比賽完了就是結束了——有人贏，有人輸。比賽不能重來，可是在工作上，永遠有第二次機會。你應該告訴自己：「明天又是嶄新的一天。」明天永遠有另一個成功的機會。你可以從逆境中學到許多寶貴的經驗——只要你不會被逆境擊倒，而變得憤世嫉俗。

你多半不能改變外在的環境，但你可以改變自己的態度：「明天的情形或許和今天一樣，但明天的我絕不是今天的我。」你若改變態度，可能因此而改變整個形勢。

出了差錯時，不要慌，不要輕易放棄。應該仔細研究問題。不要只注意毛病，而要專心研究下一步該怎麼做。只要一息尚存，就有希望。不論遭遇何種不幸，只要能繼續生存下去，就證明了自己不是失敗者。

不論發生什麼事，決不要認為自己是失敗者，一定要阻止消極的思想侵蝕你的心靈。

自己是幸福的

英國作家薩克雷有句名言：「生活是一面鏡子，你對它笑，它就對你笑；你對它哭，它也對你哭。」如果我們心情豁達、樂觀，我們就能夠看到生活中光明的一面，即使在漆黑的夜晚，我們也知道星星仍在閃爍。我們既可能堅持錯誤、執迷不悟，也可能相反，這都取決於我們自己。

這個世界是我們自己創造的，因此，它屬於我們每一個人，而真正擁有這個世界的人，是那些熱愛生活、擁有快樂的人。也就是說，那些真正擁有快樂的人，才會真正擁有這個世界。

有些人，總能看到生活中好的一面。對於這種人來說，根本就不存在什麼令人傷心欲絕的痛苦，因為他們即便在災難和痛苦之中，也能找到心靈的慰藉，正如在最黑暗的天空中心靈總能或多或少地看見一絲亮光一樣。盡管天上看不到太陽，重重烏雲布滿了天空，但他們還是知道太陽仍在烏雲之上，太陽的光線終究會照到大地上來。

具有這種性格的人，他們的眼裡總是閃爍著愉快的光芒，總顯得歡快、達觀、朝氣蓬勃。他們的心中總是充滿陽光。當然，他們也會有精神痛苦、心煩意亂的時候，但他們不同於別人，就是他們總是愉快地接受這種痛苦，沒有抱怨，沒有憂傷，更不會為此而浪費自己寶貴的精力。

儘管愉快的性格主要是天生的，但正如其他生活習慣一樣，這種性格也可以透過訓練和培養來獲得或得到加強。每個人都可能充分地享受生活，也可能根本就無法懂得生活的樂趣，這取決於我們從生活中提煉出來的是快樂還是痛苦。

我們究竟是經常看到生活中光明的一面還是黑暗的一面，這決定著我們對生活的態度。任何人的生活都是兩面的，問題在於自己怎樣去審視生活。我們完全可以運用自己的意志力來做出正確的選擇，養成樂觀、快樂的性格。

煩惱本身是一種對已成事實盲目的、無用的怨恨和抱憾，除了給自己心靈一種自我折磨外，沒有任何的積極意義。為了不讓煩惱纏身，最有效的方法是正視現實，摒棄那些引起你煩惱不安的幻想。

世界上不存在你完全滿意的工作、配偶和娛樂場地，不要為尋找盡善盡美的道路而掙扎。實際上，並不是所有在生活中遭受磨難的人，精神上都會煩惱不堪。相信很多人對生活的磨難、不幸的遭遇，往往是付之一笑，看得很淡；倒是那些平時生活安逸平靜、輕鬆舒適的人，稍微遇到不如意的事情，就會大驚小怪起來，覺得一堆煩惱。這說明，情緒上的煩惱與生活中的不幸並沒有必然的聯繫。

生活中常碰到的一些不如意的事情，這僅僅是可能引起煩惱的外部原因之一，煩惱情緒的真正病源，應當從煩惱者的內心去尋找。大部分終日煩惱的人，實際上並不是遭到了多大的個人不幸，而是在自己的內心素質和對生活的認識上，存在著某種缺陷。因此，當受到煩惱情緒襲擾的時候，應當問一問自己為什麼會煩惱，從內在素質方面找一找煩惱的原因，學會從心理上去適應你周圍的環境。

不管你生活中有哪些不幸和挫折，你都應以歡悅的態度微笑著對待生活。下面介紹幾項原則，只要你反覆地認真試行，就可能減輕或者消除你的煩惱。

一、要朝好的方向想

有時，人們變得焦躁不安是由於碰到自己無法控制的局面。此時，你應承認現實，然後設法創造條件，使之向著有利的方向轉化。此外，還可以把思路轉向別的什麼事上，諸如回憶一段令人愉快的往事。

二、不要把眼睛盯在「傷口」上

如果某些煩惱的事已經發生，你就應正視它，並努力尋找解決的辦法。如果這件事已經過去，那就放下它，不要把它留在記憶裡，尤其是別人對你不友善的態度，千萬不要念念不忘，更不要說：「我總是被人曲解和欺負。」當然，有些不順心的事，適當地向親人或朋友吐露，可以減輕煩惱造成的壓力，這樣心情會好受一些。

三、放棄不切實際的幻想

做事情總要按實際情況循序漸進，有人為金錢、權力、榮譽奮鬥，可是，這

類東西獲得越多，你的慾望也就會越大。這是一種無止境的追求。一個人發財、出名似乎是一下子的事情，而實際上並不然。因此，你應在懷著遠大抱負和理想的同時，隨時樹立短期目標，一步步地實現你的理想。

四、要意識到自己是幸福的

有些想不開的人，在煩惱襲來時，總覺得自己是天底下最不幸的人，誰都比自己強。其實，事情並不完全是這樣，也許你在某方面是不幸的，在其他方面依然是很幸運的。如上帝把某人塑造成矮子，但卻給他一個十分聰穎的大腦。請記住一句風趣的話：「我在遇到沒有雙足的人之前，一直為自己沒有鞋而感到不幸。」生活就是這樣捉弄人，但又充滿著幽默之味，想到這些，你也許會感到輕鬆和愉快。

永遠對生活充滿希望

在我們所走的人生旅途上，如意總是多於不如意。一個人內心貯藏的願望，得到滿足時，會覺得自己彷彿是快樂的天使。

但是，世界上終究存在著不如意的事情。在生活中，一旦遇到這樣的事情，你又該如何呢？那種時候，你會不會拋棄生活的願望，不再喜歡眼前的一切呢？

培德正沉浸在初戀的幸福當中。他是用甜蜜的微笑來看待每一天。可是過了不久，他的女朋友突然變心了。他沮喪地對朋友說：「我失去了生活目標，從此，什麼都完了，留在心底的只有怨恨。」說這話時，他的眼中浮現著懊惱、憂傷的神情。

其實，一個人可以失掉這一件東西或那一件東西，放棄這一個想法或那一個想法；但無論如何，不能失掉和放棄生活的願望。一個失掉了生活願望的人，必然要成為自甘沉淪、淡漠處世、黯淡過日子的人。

痛苦，當然是每個人都不情願承受的。它的來臨，不管程度如何，都將讓人在精神上受到折磨，甚至會在心田裡留下深深的傷痕。因此，沒有人無故地要去尋找痛苦和不幸。但這只是事情的一個方面。另外的一面是，假如你在痛苦當中，不被它擊倒、淹沒，而是細心地思索痛苦是怎樣造成的，是外界的原因還是自己本身的問題，尋求如何戰勝它的辦法。

我們羨慕那些樂觀的人，但要知道，這種人並不是沒碰到過任何不幸和痛苦的，而是雖然碰到痛苦和不幸，自己卻能夠冷靜地加以思索，找到原因，也檢查本身的弱點，進而使自己成為更完善的人。他們在困惑迷惘中仍然不放棄他們渴求的願望，而把願望當做堅韌的枴杖，依靠它頑強地向前走，向著希望走，最終脫離開痛苦而靠近希望。這樣的人，每向前跋涉一步，都會掘出生命新的水源。

文藝復興時期的藝術家米開朗基羅，曾為大雕刻家戴西戴雷諾・賽提昂諾雕刻的一個男童像題詞：「每一個人從出生起，就獲得了各種機會與各種人生的種子。」這句話，其實是真理的聲音。雖然你碰到了一次甚至多次苦惱，但並非說，你從出生起，一生注定只該獲得這樣的種子。你將會獲得幸福與快樂的種子，世界會賜予你許多美好的東西。

年輕人初踏入社會，正像剛跨上馬鞍的騎手，許多美麗的圖畫展現在眼前。這些圖畫，就是編織美好願望的藍圖，能強烈地吸引和推動我們去爭取未來。伏爾泰說：「人類最寶貴的財富是希望，希望減輕了我們的苦惱，為我們在享受當前的樂趣中描繪來日樂趣的圖景。如果人類不幸到目光只限於考慮當前，那麼人就會不再去播種，不再去建築，不再去種植，人對什麼也不準備了；而在這塵世的享受中，就會缺少一切。」

記住：永遠對生活充滿希望，幸運就會在不遠處等你！

Part 5

泰然自若的心態

在與人交往的過程中，我們都難免會得到消極的訊息，甚至會遇到挫折和障礙。這時，要有泰然自若的心態，要保持冷靜，去正視現實，摒棄那些引起你憂慮不安的幻想。

沒關係

在這個世界上，每個人都以自己的方式處世。由自己的經驗、環境、遺傳基因，尤其是你對自己的期望所造成的，不論好與壞。

當你瞭解到自己，知道了自己的長處，你就會揚長避短，而不會用自己的短處去找麻煩，也不會為本來就不可能成功的事情發愁、怨恨自己。成功屬於你，失敗也屬於你。而擺脫失敗，關鍵是擺脫失敗帶來的沮喪、消極的情緒，學會保持泰然自若的心態，在遭遇挫折的時候，對自己說：沒關係。

生活並不像我們想像的那樣美滿、如意。而人們總是願意用希望去看待生活：我希望如何如何。可當你一旦發現，生活並不是按照你所希望的樣子出現在你面前的時候，那就請你努力去調整自己的心態，泰然自若地對自己說一句：「沒關係」。

人活在世上，不是孤孤單單的一個人，周圍有著各式各樣的人。在和別人打交道時，不要太過認真。假如過於認真的話，你會發現，在生活中，做人難，做一個好人更難。記住：豁達是一個人的美德，豁達的胸懷能包容一切。在生活中多幾分豁達，便會多幾分泰然。

在擁擠的公共汽車上，有人踩了你一腳，要想說一句「沒關係」實在不容易。車擠，開得慢，對於急著上班的人來說本來就很火了，再加上腳被踩來踩去，能不更火大嗎?可是吵又有什麼用?它只能把你不痛快的、煩躁的情緒透過爭吵發洩出來，傳染給別的人，對於汽車的行進、擁擠的緩和根本沒有一點幫助。相反的，在這種你無法改變的現狀中，你應該把握好自己的情緒，並想到大家彼此的情緒都處在煩躁、不安、易於激動的狀況之中。說不定不小心踩你腳的人，也是一肚子的火、滿肚子的氣，正無處發洩呢！這時候，最好的辦法就是平心靜氣地說一句「沒關係」，然後耐心地等待。

當然，在有些場合，說出這三個字並不是一件輕而易舉的事情。

當你對心愛的人獻出了你全部的愛情之後，她（他）卻無情地離開了你，這對你來說，無論如何也不能用「沒關係」輕鬆地癒合你那流血流淚的心。往日那情意綿綿、兩情依依的情景，無法一下子從你的腦袋消失，相反，在這種時候，那些平時的疙瘩反而不見了，留下的都是讓人無法忘卻的情和意。你深深地陷在失去對方這苦惱的深淵裡。懷戀的盡頭成了怨恨，怨恨又產生了報復，而報復難免兩敗俱傷。假如你能豁達地對待這些，對自己說一句「沒關係」，從苦惱中解脫出來，那麼「失之東隅，收之桑榆」也不是不可能的。

有一位員工因得罪主管而被調到離家較遠的分公司工作，已年過半百，每天要騎兩小時的車才能到公司，遇上颳風下雨情況就更不妙了。開始時他感到很懊喪，挫折感極重，總想要求換個離家近一點的地方上班。可是由於得罪了主管，他又不願開口提出要求。於是，他就採用了心理調節法，使自己的不愉快的心理很快得到有效調整。

過去，當他一大早騎著車趕路的時候，總是想到倒楣，越想倒楣越覺得這段路漫長。這是情緒影響了他對時間的知覺。現在他改變思考方法，換個方式想問題，他想：清晨騎車行駛在郊區的路上，三十多公里的路，看著田園風光，呼吸著清新的空氣，聽著小鳥的鳴叫聲，實在是一種難得的享受。這樣想來，這段路程顯得不那麼漫長了，心情也不感到單調了，反而感到十分愉快，到公司後仍然精神抖擻地投入工作。

他深有體會地說：「痛苦是人們面對困境逆境的一種感覺。其實，只要你能正視現實，並從中發現事情有利的一面，就可以成功地引出積極情緒，使心理發生良性變化，痛苦就會被愉快所代替，哪怕是虛構的有利因素，也可以產生這樣的效果。」

遇到困難或逆境時，要從積極的方面去想，發揮自己豐富的想像力和多角度的思考能力，極力從不利中尋找到令人信服的積極因素，調整自己的情緒戰勝消極。

對生活中的一些事，我們不能不認真對待，據理力爭，如是與非、真理與謬誤等等。對某一些人，也不能不聞不問，任其肆無忌憚。但是，當他們最終意識到了自己的謬誤時，我們仍可以大度地說一聲「沒關係」，因為我們恪守的是對事不對人的原則，其著眼點並不在於人如何，而是事情的結果如何。

這並不是阿Q式的自欺欺人，而是自我調整和對環境的主動適應。生活中發生的一切，都是生活的一部分。失去的還會再來；本屬於你的東西，決不會與你交臂而過。有了泰然自若的心態，學會說「沒關係」，你會覺得生活中增加的不是苦惱，而是歡樂。

我一定能做到

從前，有一群青蛙舉行了一場攀爬比賽。比賽的終點是一個非常高的鐵塔的塔頂。

一大群青蛙圍著鐵塔看比賽，為牠們加油。

比賽開始了。但是，老實說，群蛙中沒有誰相信這些小小的青蛙會到達塔頂，牠們都在議論：

「這太難了！牠們一定到不了塔頂！」

「牠們絕不可能成功的，塔太高了！」

聽到這些，一隻接一隻的青蛙開始洩氣了，只有那一些情緒高漲的幾隻還繼續往上爬。

群蛙繼續喊著：

「這太難了！沒有誰能爬上頂端的！」

越來越多的青蛙累壞了，退出了比賽。最後，其他所有的青蛙都退出了比賽；但是，有一隻卻越爬越高，一點都沒有放棄的意思。牠費了很大的勁，終於成為唯一一隻到達塔頂的勝利者。

很自然的，其他青蛙都想知道牠是怎麼成功的。

有一隻青蛙跑上前去問勝利者，牠哪來那麼大的力氣爬完全程。

勝利者卻置若罔聞。

大家這時才發現，原來這隻勝利的青蛙是個聾子！

這個故事的寓意是：

永遠不要聽信那些習慣消極悲觀看問題的人，因為他們只會粉碎你內心最美好的夢想與希望！要時時記住你聽到充滿力量的話語，因為所有你聽到的或讀到的話語，都會影響你的行為。

所以，要時刻保持積極、樂觀的心態！而且，最重要的是：當有人告訴你，你的夢想不可能成真時，你要變成「聾子」，對此充耳不聞！你要泰然自若地想著：我一定能做到！

在這方面，麥克・喬丹為我們樹立了很好的榜樣。

許多人聽過一個有關喬丹的故事，這個故事開頭問：「是什麼使喬丹成為一名如此偉大的籃球運動員？」

答案是：當喬丹上中學九年級時，他因球打得不夠好而被籃球隊淘汰了。他回到家裡開始了一個夢想：要向教練證明教練錯了。

有一次，喬丹真的夢見了這件事，並且在腦海中看到了那種情景。於是他意識到自己一定能做到這一點。當他意識到自己能做到時，就走到院子裡，開始練球。他懷著那個夢想堅持不懈地訓練，終於成為有史以來最偉大的籃球運動員。

喬丹懂得：要想成為偉大的人物，就必須有夢想，就必須追隨自己的夢想，並且絕不能讓別人阻礙你發揮自己的潛力。如果這樣做，那麼你也能高高飛起，觸摸天空！

拒絕不是結束而是開始

一位著名的推銷大師說：「當有人向我說『不』的時候，我把它視為彼此關係的開始，而非結束。所以，一兩個星期過後，我會再撥電話給那些潛在顧客，他們會問我新的問題，而每個人也會給我機會回答，沒多久，由於我的溝通，我的顧客開始思考了，不出所料他們也成為我的客戶了。

對於大部分的人來說，說『不』代表了結束，對我而言，那卻是通往說『是』的起步。」

在語言裡，你可知有哪個字眼比「不」更刺人呢？如果你從事銷售工作，做出十萬元業績跟做出一元業績有什麼差異呢？這其中的差異就在於：如何能不因

別人的拒絕而卻步。一流的業務員往往是遭受拒絕最多的人，他們能把別人的「不」化成下一次的「是」。

心理學家韋恩曾經幫助過一位跳高選手，當時他正面臨瓶頸，無法超越自己以往的紀錄。當韋恩看過他的練習後，立即就找出了其中的癥結。原來每當他觸桿時，就會陷入心理上的障礙，把每次很平常的觸桿看成是莫大的失敗。

為了破除他的心結，韋恩把他叫到面前來，告訴他：「如果真要我協助你，就不可再有那種失敗的念頭。因為長久以來在你腦子裡所形成的失敗圖像早已根深柢固，所以每次跳高，在你腦子裡認為失敗的機會遠遠超過成功的可能，因而無法發揮內在的潛能。如果下次再觸桿，只要付之一笑，別認為那是失敗，重新鼓起信心再試跳一次。」

那位運動員照韋恩教他的方法，只不過三次試跳後，他就超越了過去兩年裡的最佳紀錄。雖然增加的高度只有幾公分而已，但是從此以後，他對人生的看法全變了。同樣的道理，只要你的觀念有小小的改變，整個人生就會有天壤之別。

你一定知道藍波或洛基，也知道席維斯史特龍這個人。你以為他能崛起於影壇是十分順利的嗎？絕對不是，他在試圖踏入電影界的過程中，是忍受了一次又一次的拒絕，他跑遍了每一家電影公司在紐約的辦事處，可是都遭到了拒絕。不過他並不氣餒，繼續敲門，一再嘗試！最後終於擔綱演出「洛基」一片。

你能忍受多少次別人說「不」呢？你有多少次因為不想聽別人說「不」，而放棄了可以爭取到的機會呢？你有多少次因為受不了別人說「不」，因而不再去找份新工作或再拜訪一位新客戶呢？你想想這樣是不是有些可笑？只不過害怕再聽到那個「不」字，你就把自己給限制住了。其實這個字並不具有任何力量，它之所以會對你產生限制的力量，全是你自己內心造成的。當你有了自限的想法，就產生自限的人生。

你應該學會如何控制自己腦子的運作，學會泰然自若地面對拒絕。你可以試著努力讓自己每聽到「不」字便能振奮，你可以把拒絕看成是一個潛在的機會。當下次電話鈴響，千萬別害怕拿起聽筒，要以歡快的心情去面對另一場商戰。別忘了，成功就躲藏在拒絕的後面。

未曾遭遇拒絕的成功絕不會長久。你被拒絕得越多，你就越能成長；你學得越多，就越能成功。當下次別人拒絕了你，你得好好地跟他握個手，這會改變他的態度，有一天「不」會變成「是」。

只要你知道如何面對拒絕，就必能得到你所要的東西。

冷靜再冷靜

思想家說：冷靜是一種美德。

教育家說：冷靜是一種智慧。

藝術家說：冷靜是一種魅力。

冷靜，它使人深邃，而深邃的人更趨於成熟；冷靜即力量，它使人充實，而充實的生命才會永遠年輕；冷靜中有含蓄，它使人想像，而想像往往給予人的更多。

冷靜，是一種風度，更是一種品格。受挫時要保持冷靜——在冷靜中鎮定，在冷靜中反省，在冷靜中堅強；成功時更需要冷靜——在冷靜中成長，在冷靜中

清醒，在冷靜中尋找新的起點，確立新的目標。

在生活中，如果你剛剛錯失了一次絕好的機會，一定要冷靜。這班車錯過了，下班車還會到來。即使沒有車了，也用不著大驚小怪！你就步行吧，儘管慢一點，最終還會到達目標的，只要你肯把雙腳邁開。

不要埋怨，不要責怪，要相信成功的日子就會到來。不要因此而萎靡不振，也不要一味地自怨自艾；受不了挫折的人缺乏英雄氣概。還是冷靜一下吧，說不定在你唉聲歎氣的時候，下一班車已經駛來了。

心理學家發現，即使是最困難的事，只要自己有適當的準備，有心尋求解決之道，必能找到辦法去解決。當然，解決困難的方式很多，但其中最重要的，就是首先要認清事情的真相，冷靜思考引起困難的真正原因。這時，可能發現大部分原因竟是自己本身造成的。所以，如果自己有做錯、疏忽或思考不夠周密的地方，就要深刻地進行自我反省，加以改正。如此，才能克服困難，也才會把這種體驗牢記心中。

但是，人們往往在事情出差錯之後即草草處理，結果效果不如人願。不過，無論如何，在事情出現破綻時，要能馬上察覺出來，那是非常重要的。人越到需要緊迫做出決定的時候，思想越容易混亂，或者思考能力乾脆停止了，這就是人們常說的「嚇呆了」、「急瘋了」、「驚慌失措」等等。在這時，要有冷靜的情緒、清醒的頭腦，才能順利地處理好緊急情況。

在危急的時候更要冷靜。假如你弄丟了一些重要文件，或你的家突然受到強風暴雨的威脅，要保持鎮靜，至少看上去要是鎮靜的。你的動作一要平穩從容，不要匆忙急促，保持語調的高低，你的講話要乾脆俐落，而且不慌不忙。驚慌是帶有傳染性的，因此要鎮靜。成熟者遇事頭腦冷靜，不急躁、不魯莽從事，能用理智控制感情。

那麼，在生活中遇到難題的時候，該如何保持冷靜，克服內心時常產生的煩惱情緒呢？下面的幾項建議非常有參考價值：

一、遇到困難的時候，不要驚慌。平心靜氣地分析情況，設想已出現的困難可能造成的最壞結果。

二、在對可能出現的最壞後果有了充分估計之後，則應做好把它承擔下來的

準備，這時你會感到較輕鬆，心裡較能保持平靜。

三、待心情平靜之後，即應把全部時間和精力用到工作上，以儘量設法排除最壞的後果。驚慌只會破壞我們集中思維的能力，我們的思想會因為驚慌而不能專心，也會因此而喪失當機立斷的能力。但如果我們冷靜下來，強迫自己正視現實，準備承擔最壞的後果，那麼就可以打消一切模糊不清的念頭，使我們有可能集中思想考慮問題。

只要我們能冷靜地接受最壞的情況，那麼就沒有任何東西可以再失去的了。這自然就意味著我們只會能贏得一切。

懷疑只是問號，不是結論

懷疑，一個普普通通的詞語，雖非令人望而生畏，卻也常常攪得你心神不安。被人懷疑是一件很痛苦的事。誰都曾經懷疑過別人，也被人懷疑過，其中的酸甜苦辣無不一一品嚐過。但只有當你學會了泰然自若地面對別人的懷疑，才可能處理得好一些。

現實生活中不乏有這樣的現象：

一個人為社會和他人做了一件好事，理當受到人們的誇獎和讚譽，但有時候卻會迎來一些人不信任的目光，甚至會聽到這樣的議論：「他的動機並不單純。」對此，你也許會不屑一顧，走自己的路，讓人家去說吧！也許你會覺得自尊心受到傷害而陷入深深的痛苦之中，又一時難以自拔。

因為是同學、同鄉、朋友，一塊工作，由於主客觀因素所致，有的可能進步快一些，有的可能慢一些；有的原來是自己的下屬，後來卻成了自己的頂頭上司；有的成了某領域的「明星」，出人頭地，風風光光，有的卻仍舊沒沒無聞，被無情的生活壓制在一旁。這是合乎規律的差異，人與人之間的競賽不可能也不應當總是停留在同一個起跑線上。但是，這裡也有人們認知上的不同，於是，很自然地會引起一些朋友的猜測與納悶：「他為什麼能受到如此寵愛，想必也是憑走後門、找靠山、靠關係爬上去的。」顯然，這是一種偏見。但倘若你果真遇到此類情況，如何處置為好？

生活的常識告訴我們，人與人之間之所以會產生懷疑，原因是多方面的。有的由於一時的誤解，缺乏溝通與解釋，進而形成了對某件事情的疑點；有的由於性格脾氣的差異，缺乏相互間的包容與補充，逐漸引發了對於對方的不信任情緒；有的由於嫉妒心的纏繞，由此而產生了對朋友的疏遠甚至惡意；有的由於心胸狹小，為人疑神疑鬼，處事患得患失，對人產生懷疑那是很自然的事；有的由於心理變態，而又缺乏及時的診斷與治療，因此，對反感的人和事，均投以疑慮的目光；有的由於自命清高，唯我獨尊，缺乏自知之明，對周圍的人和事總覺得不可思議。如此等等，都可以產生上述現象。

誠然，懷疑也有其另一面，並非都是貶義。如果說人與人之間在社會生活中容易產生懷疑是一件不可能完全避免的事情，那麼，你面對存在的這個現象，既不應當迴避它、懼怕它，也不應當視而不見，聽而不聞。正確的態度是要承認它、認識它，對待它。

多些寬容，坦然地面對別人的懷疑，去掉自己的一份疑心，被人懷疑的事情也許就會減少一些。面對他人的懷疑，你的任務首先不是指責與疏遠，倒不妨先問一問自己：「我怎麼知道他在懷疑我？」或者：「我是不是無意間誇大了他人對自己懷疑的程度？」事實上，舉凡疑心比較重的人，也往往容易產生被人懷疑的錯覺。說得乾脆一點，你的這種感覺在好多情況下是由自己不健康的心理引起，或者說，別人還沒有懷疑你，你卻感受到了別人懷疑的威脅。於是，苦惱、恍惚、憂鬱、不安等便會接踵而來，這實在是一件自找苦吃的事情。對此，有的人也明明知道自己的毛病，但又苦於跳不出這個泥沼。

懷疑並非都是惡意，有的朋友每每感受到別人的懷疑，總是火冒三丈，認為這是小人之心，是專門跟自己過不去。這種心情雖然可以理解，但態度卻不足取。事實上，對懷疑也不要一股腦兒往壞處想。

有人說，懷疑也是一種矛盾。平心而論，在實際生活中，懷疑有惡意的，也有善意的，重要的在於我們應當學會怎樣從懷疑中去汲取營養。懷疑是一位老師，它可以使你得到引導；懷疑是一面鏡子，它可以幫你照到不足。比方，你在想問題、做計劃、辦事情時，不可能那麼十全十美，無一紕漏。當朋友對你的某個觀點、某種方法提出疑點時，你首先應當想到這是對你的關心和支持，人家是為了把事情辦好才向你提出的。想到這些，你也許就不會把懷疑視為一種惡意的威脅了。當然，在有些時候，善惡是難以一時分清的，這也不要緊。希望你能夠本著善意的態度來對待別人的懷疑。

當然，要儘量避免他人對你產生疑心。面對懷疑的挑戰，從戰略上講，你既應當有隨時接受懷疑挑戰的心理準備，又要有防患於未然的強烈心理意識，即儘量減少被人懷疑的契機。主動說明情況，最好能用事實回答。實際上，在生活中你所感受到的懷疑，在很多情況下是由於對方對你的誤會引起的。對此，你只要主動出擊，心平氣和地找對方談一談，說明原委，懷疑也就迎刃而解了。

但有的時候，僅有此舉還是不能完全奏效的，尤其是對那些疑心比較重的人來說，莫過於用事實說話了。比如，有人懷疑你不守信用，你可以用「言必信，行必果」的實踐來證明；有人懷疑你分親疏遠近，你可以用一視同仁、與人為善的行動去表現；有人懷疑你不誠實，你可以用「說老實話，辦老實事，做老實人」的格言來約束自己的一言一行、一舉一動。且不說你還沒有這方面的毛病，即便有那麼一丁點，只要能按上面說的那樣去做，久而久之，別人的懷疑也會逐漸消除。

用真誠去換取信任，切不要犯「以毒攻毒」的錯誤。人與人之間相處，莫過於真誠的可貴。有了真誠就能贏得信任。如果你對別人的懷疑也採取懷疑的態度，以疑對疑，雪上加霜，那麼，懷疑非但不能消除，還會產生新的不信任情緒。

當然，最要緊的，還是不要怕懷疑。要知道懷疑與看法之間還有一段距離。

這並非是一句敷衍的話。事實上，往往是你愈懼怕懷疑，懷疑就愈向你靠近；即使費了很大的勁，也使你難以脫身。俗語說，越害怕就越有鬼。想來也是有道理的。經驗告訴我們，克服懼怕懷疑的心理，除了要有寬闊的胸懷、生活的勇氣、正直的形象外，還要有辯證的思維。

此時，你不妨這樣想一想：懷疑只是向你提出了一個問號，並沒有形成最後的結論；問題是對方提出來的，正確的答案卻要由你來做出；如果你硬要將懷疑推向結論的邊緣，對方也就只好將錯就錯了。想到此處，也許你就不會感到懷疑的可怕了。

面對現實，放鬆一下

當上司分配給你一項新的任務時，你是否感到頭痛？當你踏上飛機的舷梯時，你的心臟是否會緊張地跳動？倘若如此，就努力使自己輕鬆些，把綳緊的神經放鬆一下好了。

有的人試圖透過酒精、尼古丁和大量的鎮靜劑來解除不安的痛苦；也有的人為了達到同樣的目的，整夜地守在電視機旁，嘴裡還不停地咀吃著糖果或其他甜食。這些做法不僅無濟於事，反而會導致更嚴重的問題，比如：酗酒、吸毒。

人不安的症狀包括心臟劇烈跳動、口乾舌燥、小便頻繁、頭暈目眩、渾身疲憊，甚至發生身體許多部位抽筋，另外還有胃口異常大增或食慾不振以及失眠等。

當然，每個人都不願讓煩惱纏身。為此，許多人把自己的大部分精力用於消除外在表面上的痛苦，以獲得一種暫時的解脫；或者煞費苦心地尋找著能使生活永遠快樂、滿足、無憂無慮具有魔力的長生不老藥。然而，在事實上這種藥是根本不存在的。

最有效的辦法只能是去正視現實，摒棄那些引起你憂慮不安的幻想。憂慮不安則是人生活中突然發生變化的產物，矛盾在於這種生活中的變化又是永不停歇的。

首先，在此澄清一下有些人為達到解脫而採取的錯誤做法。

一、看電視

總是一個人長時間地看著電視，將自己置於現實世界之外，乃是一種催眠性質的被動方法，它會加深你的孤獨感。

二、過度飲食

無疑它會使你身體發福，造成你身心兩方面的不安與痛苦。

三、故意去冒險

經常高度緊張的神經會加重你心理上的負擔。

四、酗酒

酒精是一種慢性毒藥，長期過量飲用會使你身心失去平衡，精神空虛。

五、抽菸

點一支香菸，一吸一吐，似乎你的全部苦悶會隨著煙霧慢慢飄散。然而，誰都明白菸中的尼古丁對人是有害無益的。

六、服用安眠藥物和鎮靜劑

在短暫的藥效期裡也許你會說完全擺脫了塵世的煩惱，但危險在於這類藥物的副作用。如果經常服用，會使你心理負擔加重，精神更加脆弱。一旦藥物上癮，後果更難以設想。

七、過度地活動

儘管許多醫生也同意這個方法，但要注意，它需要你的身體十分健壯。否則，若你的身體情況不佳，這種過量的運動會產生巨大的反作用。

八、無所事事

整日閒蕩會使你精神空虛，加重你的不安感。

世上有許多無法預料的事情，「憂慮常在」對每個人來說都是適用的。問題在於面對種種不測你應該怎麼辦？

下面為大家提供一些正確的方法。

一、更加現實地利用時間

有時，人們變得焦躁不安是由於碰到了自己所無法控制的局面。此時，你應該承認這種現實，然後設法創造條件，使之向著對你有利的方面轉變。例如：當你在商店、公共汽車站或銀行排著長隊等待時，切不要為此煩惱。這時，你可以把思路轉向別的什麼事上，諸如回憶一段令人愉快的往事，思考一下工作中所遇到的問題。當然，做幾次深呼吸也有助於使你平靜。

二、做事情切莫一拖再拖

當面臨一項十分艱苦又必須完成的任務時，很多人都趨於能拖一天就拖一天。可是，這只能增加你的不安情緒，倒不如你及時、圓滿地去完成它。這是因為今天對你棘手的任務明天也不會不見，你應立刻行動，切莫拖延。

三、摸索自己的生理時鐘

有些人清晨時精神最集中，思路最敏捷，而有些人的思路則是在中午、下午或夜間處於最佳狀態。各人有各人的特點，切忌對自己強加過分的壓力，比如本來適於夜裡讀書的人，就不必硬要早起唸書。因此需要根據自己的生理時鐘，安排好生活和工作。

四、做事情不要太貪心

你想一下子減少十公斤體重顯然是辦不到的，而兩年以後達到目標可能還實際些。因此，你應在懷著遠大抱負和理想的同時，隨時樹立短期目標，一步步地實現你的理想。否則，你的理想只能是幻想，你的不安情緒會隨著理想的破滅而加重。

五、找到一種你所喜愛的運動

每天按時活動一下筋骨是解除煩惱的最好辦法之一。當然，你必須找到適合於自己的運動方式及時間。有的人願意大清早起來散步，而有些人則喜歡傍晚散步。重要的是找到一項你所喜愛的運動項目，按規定的時間每天堅持鍛鍊才有益

處。

六、其他的放鬆辦法

放鬆運動並不一定只是體育方面，或類似的一些簡單機械的活動，它還應包括所有能使你完全擺脫日常乏味的工作、家庭瑣事的活動。比如說：彈奏樂器、搞搞繪畫、養花種草以及唱歌、攝影，甚至自願參加一些公益活動等都可以。

那麼，你又要問：「我何時何地可以放鬆一下呢？」答案很簡單，你願意什麼時間、什麼地點都可以：在阻塞的路口、在等電梯時、在長時間裡都沒有魚上鉤的池塘邊、在整日都下著大雨的假期裡……生活是如此的捉弄人，但又充滿著幽默氣味，想到這些，你也許會感到輕鬆和愉快。

我孤獨，但沒有時間寂寞

香港女攝影家李樂詩，背負行囊睡袋，獨自漫遊世界。一位記者問她：「旅途漫漫，妳形單影隻，就不怕孤獨和寂寞嗎？」

李樂詩答得嚴謹而乾脆：「我孤獨，但沒有時間寂寞。」「孤身走路我才能專注，專注才能捕捉攝影契機。」

在人生的長河中，既有歡樂和愉悅，也會有孤獨、寂寞和焦慮。只有經過沉默修養和孤獨洗禮的人，才能捕捉到人生的真正底蘊。人只有在孤獨的時候，才能深刻地認識自我。

一位西方哲學家說：「世界上最強的人，也就是最孤獨的人……只有最偉大

的人，才能在孤獨寂寞中完成他的使命。」

古語云：「居不幽者思不廣，形不愁者思不遠。」即智高者需要靜靜地同自己的心靈悄悄地對話，要忍受得住孤獨和寂寞。他們保持著靈魂獨舞的狀態，自由灑脫地進行著科學、藝術的創造。

當然，這些智能卓著者的孤獨並非出世，而是為了積極入世。他們將自己的血肉、靈魂、精神、氣息全部傾注於人世間，寂寞的人是決然做不成大事的。人只有能忍受離群索居、坐冷板凳的環境，懷著虔誠之心攻讀、思考，才能取得真經，深入探索科學的奧祕。

孤獨，能造就大師。這是因為，擺脫虛浮、繁雜的困擾後，人的心靈得到淨化，思想就能自由地翱翔。許多學者名流沉潛書齋，甘於淡泊，耐得住清苦和寂寞。有的超塵脫俗、蝸居書齋，潛心治學，終有所成。

只有耐得住寂寞，才能保持一個人的平常之心，方可在生動活潑、變幻多端的社會生活中找到屬於自己的定位和實現自我價值的施力點，才能一展自己的才華，才能蓄勢待發，最終躍出平凡，成就不朽功業。

若不能守住寂寞，就會這也看不慣，那也不順眼，怨天尤人，牢騷滿腹。或悲歎命運之苦，空懷憤世嫉俗之心，最終依然一無所有；或急功近利，妄自尊大，誇誇其談，不可一世，結果遇到重挫，就失去了銳氣、元氣而一蹶不振。

孤獨，並不是凄涼，更不是悲哀。農夫在孤獨中耕耘才有好的收成。十年寒窗的儒生，也一定是孤獨的。把生命和精力花在譁眾取寵的閒聊和茶樓酒館的應酬，那才是真正的悲哀。

有人說，孤獨，就是將生命中最後的力量留給自己，留給創造。在孤獨中尋求自我的價值，實現自我的價值。

善於孤獨，即能在心靈上找到一處「世外桃源」，它也是一種養生妙法。科學家做了長時間的調查發現，能忍受孤獨的人，往往能承受住生活的衝擊和磨難，並且患心臟病、高血壓病和癌症等與精神有關的疾病的機率比一般人要少百分之三十左右。

人才是由社會培養出來的，天才則是由孤獨造就的。

當一個人靜靜地、不為外界的噪音所侵襲時，世界就會變得潔淨。在這種環境下，你可以遐思萬千，為構思的文章潤色，為創造的大廈添磚……你完全不用為瑣事雜務勞神，不用為人間不平而憂心，若能進入這種境界，你就能如在領略蘭花的幽香、菊花的高雅、荷花的純潔，能尋覓到一個真實的自我。

有些人，在取得某項優秀成果後，就耐不住寂寞和淡泊了。有的人並不是用更多的時間進行新的創造，去完善自己的建樹和學術體系。他們熱衷於編叢書、做顧問、當評審、忙應酬，儘管他們比當年奮鬥的條件優越得多，但其學術成就再也沒有隨之提高。

「越怕寂寞的人，將來就會很寂寞。因為你把時間和精力都花在熱鬧場所，沒有時間讀書，沒有時間研究自己的學問。在熱鬧場合中混到老，什麼成就也沒有。最後，社會不承認你，而且越老越寂寞，以後死得也寂寞。死後煙消雲散，誰又記得你這個不甘寂寞的人呢？」「許多卓越的書畫家，都是不寂寞的。很多在平時卻甘於寂寞，謝絕應酬，時間和精力都用在應該用的地方。」

在奮鬥者的心目中，孤獨是一種美，一種難能可貴的品質。它與交際並不矛盾，兩者共同構成了現代人的兩大素質系統。如果說，在人際交往中，能撿到美麗的貝殼和卵石；而在孤獨沉思中，卻能真正獲得藏於大海的瑰寶。

我們並非拒人於千里之外，搞自閉，自我陶醉；而是放棄那些耗費青春和生命的繁文縟節，那些無聊的應酬和浪費時光的閒扯及過度的娛樂，以集中精力，凝聚活力，專注於自己所鍾情的事業。

Part 6

健康的心態

不去怨天尤人，羨慕別人，也不要對自己或別人過分苛求。要讓自己在大多數情況下處於穩定的情緒狀態，心情開朗，輕鬆安定，精力充沛，並對生活充滿熱愛與信心。

如何克服虛榮的心理

一位學者說：「虛榮的女人是金錢的俘虜，虛榮的男人是權力的俘虜。」太強的虛榮心，使男人變得虛偽，使女人變得墮落。虛榮者，容易輕浮；輕浮者，容易受騙；受騙者，容易受傷；受傷者，容易沉淪。許多沉淪始於虛榮。

虛榮，很像是一個綺麗的夢。當你在夢中的時候，彷彿擁有了許多，當夢醒來的時候，你會發現原來什麼也沒有。如此，與其去擁抱一個空空的夢，還不如去把握一點實實在在的東西。

要想保持積極健康的心理，就要克服虛榮心理。為了克服虛榮心理，你應該從以下幾點來努力：

一、正確的人生目標

一個人追求的目標越崇高，對低級庸俗的事物就越不會傾注心思。歷史上許多偉人往往不很看重榮譽本身。

居里夫人一生躲著親人的讚美，她和丈夫認為科學不是為了個人榮譽和私利，而是為人類謀幸福。一天，她的朋友到她家做客，看見她的女兒正在玩一枚英國皇家學會獎給她的獎章，便驚奇地問她：「居里夫人，現在能夠得到一枚英國皇家學會的獎章是極大的榮譽，妳怎麼給孩子玩呢？」居里夫人笑了笑回答說：「我想讓孩子從小就知道，榮譽像玩具一樣，只能玩玩而已，絕不能永遠守著它，否則將一事無成。」

愛因斯坦稱讚說：「所有的著名人物中，居里夫人是唯一不為榮譽所腐蝕的人。」

二、學會正確認識自我

許多人在與周圍各式各樣的人的接觸中，去注意人們對自己的態度，去想像他們對自己的評價，並以此作為一種客觀標準而內化到自己的心理結構中，在這個基礎上形成自我形象，達到自我認識，也就是說，他們對自己形象的建立和認識，常常在與他人的接觸、想像他人對自己的判斷和評價中形成。

這種自我認識，在一定程度上有利於深入認識自己，然而由於缺乏主見和過於依附他人的觀點，因而有時容易無所適從，反而模糊自己對自己的準確認識，或自卑自貶或盲目樂觀。這樣極易產生虛榮心理。因此，一個人必須學會正確認識自我。自我觀察法是認識自我、剖析自我的最好方法，透過自我體驗來瞭解自己的心理狀態，承認自己的能力，坦白自己有足的地方，許多虛榮的做法就能避免。只有充分認識自我能力及自身狀況後，才能極大地發揮自己的能力優勢，使自己的行為更加合理、更加適應外界環境和社會要求，克服虛榮心理，正確解決榮與辱這一人生課題，促進身心健康。

因此，我們不應奢望那些不經過努力就可以得到的財富和榮譽。一切虛假的榮耀因為違背了人類社會的基本準則，因而沒有生存基礎，不但最終會喪失，而且自己也要受到懲罰，「圖虛名，得實禍」是客觀規律。

只有透過自己的勞動和創造為社會做出貢獻而得到的榮譽，才是真實可靠的。

把嫉妒心理轉化成前進的動力

和虛榮心理一樣，嫉妒也是一種不健康的心理。

當你感受嫉妒之際，必然置身某種競爭。你的目標是擊敗「對手」，但你卻經常不知道究竟對手是誰，是什麼。是你的工作同仁？抑或同事在辦公室所耗費的時間？是你朋友的新裝，還是你朋友穿著新裝的模樣？是你隔壁的鄰居？或是你隔鄰美麗的後院花園？

你或許以為你嫉妒某人，但後來仔細觀察卻發現，你嫉妒的並不是這個人，不是他的作為，也並非他所擁有的一切。其實，你會嫉妒是因為你拿自己和別人相比，看到自己的表現，發現其他人更好、更多、更有吸引力等等。你參加的是一面倒的戰爭，你的對手其實是你自己。

嫉妒常被稱為綠眼睛的惡魔。如果你對某人懷有嫉妒之心，可以確定的是，它不僅會傷害到你這些情緒所直指的人，而且你所受到的傷害可能更甚於他們。嫉妒就像疾病一樣，他們會在你體內不斷損害侵蝕你。

一、嫉妒危害健康

心理上的一種病態——嫉妒，可以危害人們的身心健康，前人早有認識。當今，人們對嫉妒心理危害性的認識，已建立在科學研究的基礎上。最近一些醫學專家經過調查發現，少嫉妒的人，在二十五年中只有百分之三的人患心臟病，死亡率也僅占百分之二。相反的，嫉妒心強的人，同一時期內竟有百分之九以上得過心臟病，其死亡率高達百分之十四。另外，據統計：嫉妒心強的人，也很容易患頭痛、高血壓、神經衰弱等病症。還發現，大部分容易嫉妒的人都會產生一些身體上的病症，如胃痛、背痛、情緒低落、行動失控等。

二、嫉妒心重的人往往人際關係很差

幾年前，曾有這樣一個案子。某大學心理學系的一位女研究生，將同宿舍的一個同學送上了法庭。原告與被告以前關係不錯，堪稱該系的一對姐妹花，兩人的成績不相上下，因此彼此又在暗中較勁。到第三年的時候，兩人都參加了托福考試。原告成績較理想，遂向美國一所著名大學提出申請，不久被告知每年可獲得近兩萬美元的獎學金。原告高興萬分，等著對方的正式錄取通知。被告考砸了，看到原告整天興高采烈的模樣，心中更加不爽。

她越想越有氣，就想出了一條毒計。原告左等右等，遲遲不見正式的通知，就請在美國的同學去該校打聽，校方說曾經收到她發來的一份E-mail表示拒絕來該校，因此校方只好將名額轉給別人。原告聞此消息，如晴天霹靂，搞不清楚這到底是怎麼回事。後來，她多方調查，才發現是被告盜用了她的名義，從系上的電腦發了一封拒絕函。原告懷著憤怒的心情，將此事訴諸法庭。

是什麼害了上述案件中的兩個少女？是嫉妒！

心理學教授指出：嫉妒是一種不道德的行為。嫉妒的人感到別人的成功貶低了自己，這一成功正是他自己想要取得的。他貶低他人或他人的成就，以此來彌補他們自己認為損失了的那些東西。

嫉妒可能以多種面目出現，或是對他人的工作詆毀和破壞，或是對他人的中傷。嫉妒感也不一定溢於言表。亞里士多德說，嫉妒是對自己同胞所犯的罪行。也就是說，人最容易對與自己相似的人產生嫉妒。比如，你不喜歡打棒球，所以某個運動員打出全壘打以後你會無動於衷。但是，如果你隔壁的好朋友獲得本系最佳研究項目獎，那對你就完全是另外一回事了。

很不幸的是，我們在世界中的地位都是相對的。如果你認識的一個人考入了第一流的醫學院，而你卻沒考上，那你一定有許多難言之苦；如果你和他都沒有考上，則自己就感到輕鬆多了。

英國哲學家培根認為，嫉妒是一切情慾中最強烈、最持久、最墮落的情慾。嫉妒心重的人看到別人在事業上取得了成就就苦惱、不安與憤怒；即使自己工作有點成績也焦慮不安，生怕別人越過自己，因此總是生活在痛苦之中。總是沉浸在痛苦情緒中的人，怎麼能兢兢業業，努力工作，充分發揮自己的創造性，做出應有的貢獻呢？

嫉妒心重的人看到別人取得成績，受到表揚，特別是別人超過了自己，他總是設法貶低別人，有人甚至不惜降低自己的人格搬弄是非，散布流言飛語，誹謗中傷別人。他的精力用在攻擊別人上來，又怎麼能發揮智力效應，在自己的工作上做出顯著成績呢？

嫉妒心重的人往往人際關係很糟糕，因為他總是忙碌的在別人背後說三道四，自然會引起被攻擊者的反感，破壞了自己的人際關係。

三、採用「精神勝利法」

不願承認自己的失敗，或找出一些理由來堅持說明「我並沒有輸」的行為就是「精神勝利法」。這可以說是一種壓制嫉妒心、強迫自己承認自己的立場而達到達觀的方式。

對於自己的能力或才幹所下的判斷叫做「自我水準」。人總是不願意承認失敗，也不願意讓自己的「自我水準」在他人的評價中被貶低。對此，人們有著強烈的排拒心情，遭到失敗時總是想諉過於其他因素。這就是不服輸的心理。

相反的，提高自我水準是件很快樂的事。人們往往將偶然得到的成功，也歸功於自身的實力。

談到這種「精神勝利法」，可用心理學上的有趣比喻「酸葡萄」理論與「甜檸檬」理論來加以說明。

所謂酸葡萄理論，是來自伊索寓言：

有一隻狐狸，有一次在山上發現了一樹很誘人的葡萄，很想摘下來吃個痛快，但跳起來好幾次都夠不著，狐狸只好對自己說：「那些葡萄都是酸的，我才不想吃呢！」說完就逕自走開了。狐狸本來是極想吃葡萄的，但嘗試了好幾次之後都無法吃到，便故意把它的價值貶低，以使自己感到心安，抵消心中的不服氣。

還有一種類似的心理，被稱為「甜檸檬」心理：知道自己現在的境況是不很理想的，卻強迫自己說：「這不也是很好的嗎！」

但無論如何，「酸葡萄」也好，「甜檸檬」也罷，都是不服輸的心理在作祟。一定程度的不服輸可能還情有可原，但一超過某種程度，就會被人們認為是缺少洞察是非的能力了。

四、昇華嫉妒之情為努力超越意識。

染上嫉妒惡習的人應該怎樣克服這一性格上的弱點呢？首先要心胸開闊，正確對待在事業上和學習、生活上比自己能幹的人。其次，要充分認識嫉妒害人害已所產生的惡果。嫉妒者多半把自己的主要精力和全部智慧都下意識或十分明確地用於攻擊和傷害被嫉妒的一方。雖然有些嫉妒者也知道這樣做於事無補，但仍像中了邪似的受制於它。

一種克服消極嫉妒心理較好的辦法是：喚醒你的積極心理，勇敢地向對手挑戰競爭。積極心理，必然會產生自愛、自強、自奮、競爭的行動和意識。當你發現你正隱隱地嫉妒一個在各方面比自己能幹的同事時，你不妨反問幾個為什麼和結果如何?在你得出明確的結論之後，你會大受啟示。

長時間地停留在嫉妒之火的折磨和煎熬中，並不能使自己改變面貌。要超越他人，就必須下定決心，在學習或工作上努力，以求得事業上的成功。你不妨就藉嫉妒心理的強烈超越意識去奮發努力，昇華這股嫉妒之情，以此建立強大的自我意識以增加競爭的信心。

自卑感強的人容易嫉妒，因為他們想逃避現實而故意虛張聲勢，因為懼怕失敗而採取嫉妒的手法。所以，首先要對自己的能力、潛力有一個客觀的認識。不自我誇大，亦不自我貶低。只有在自我感覺好、自我意識能力強的前提下，才能變消極嫉妒為積極嫉妒，也才能在積極嫉妒心理中獲取能力、接受競爭意識的刺激。

當然，在你反問幾個為什麼之後，你可能會覺得自己的天賦、客觀條件、知識、能力都不如人家。這也無妨，不要自卑、更不要嫉妒。你不妨再找找自己的優勢，在某一方面發揮你的優勢，在競爭中發揮你的聰明才智，進而找到你的心理位置，得到生活的樂趣。

總之，要積蓄你自己大量的精力、時間、智慧去產生應該屬於你範圍內的積極嫉妒心理；不嫉妒，就是要灑脫和不甘於落後，對自己充滿必勝的信心。這才是強者的風度。

克服胡思亂想的毛病

你是不是經常覺得自己這也不行，那也不行呢？如果真是這樣的話，就要小心注意了，千萬要及早拋棄這種想法。不過，話雖這麼說，真要做到能完全不胡思亂想並不太容易。

雖然並不是每個人都會因為對自己沒有信心而整日胡思亂想，但絕大部分的人雖然程度輕重不一，但卻一樣每天都會有煩惱。即使你沒有煩惱，應該也會為如何做好某件事情而傷神吧？一般會胡思亂想的人大多是性格內向、多愁善感的人。

不管我們是在學習中還是在工作中，腦筋難免偶爾會想到其他事情，這本來就是人之常情。但重要的是，不能為了想其他事而疏忽了自己的學習與工作。過度的胡思亂想會讓你失去集中力，讓意識處於散漫狀態，大腦的靈敏度也會下降，因而使你的能力無法完全發揮出來。一旦缺乏集中力，就會使你欠缺正確判斷是非的能力。

那麼，要如何才能克服胡思亂想的毛病呢？下面幾點建議可供借鑑。

一、不論遇到什麼事情，我們都應該往好的方面想，即使是不如意的事或悲傷的事也應該採取積極的看法，更應該培養樂觀積極的人生觀，把一切事情看薄看淡，凡事都往好的方面想，這樣幸運就會降臨在你身上。

二、日常生活中一味地只是歎息、發牢騷，這都是因為你的情緒不穩定所造成的。要學會控制自己的情緒，凡事都應該想想將來（當然不是毫無根據的亂想），對所做的事要進行正確的反省（所謂正確的反省，是指排除感情因素的理性思維），以期待全新的開始。

三、不要沉湎於過去。已做過的事情無法追悔重來，這是一個不爭的事實。過去的事情永遠無法改變，你要明白時光不可能倒流。另外，不管是誰都會有不好的經歷和痛苦的回憶，碰到這種情況要冷靜對待，並儘量避免去想它。只要時間一長，自然而然就會使「傷口」癒合。

四、在必要的時候，如果不是自己能力所及，或者是根本不可能的事，千萬不要勉強去做。該放棄的就要放棄，否則牽扯不清只會徒增煩惱而已。

五、產生胡思亂想根源在於語言的選擇。平時我們應儘量避免使用悲觀的語言，多使用積極的語言，這樣你就會遠離過往的不快，自然也就不會胡思亂想了。

告別壓抑，追求更自由的生活

當我們要壓抑自己的感情，想把它封閉起來時，我們有必要反躬自問：我怕的是什麼？我為什麼不能更自由、更真實地生活在世界上，而不是躲在面具裡？為了你生活得更快樂，更有意義，請摘下你的面具，重視你的內心，努力去培養積極健康的心態吧。

一、信任他人

如果你對新結識的人表現冷淡，這往往意味著你對人的信任感和孩子般天真的直覺已被自我封閉的壓力毀滅了。那麼，你就不會從你周圍的人群中獲得樂趣。

這時，你應該放鬆自己緊張的生活節奏，不妨和初次見面的人打打招呼；或

者在你常去買東西的商店裡和售貨員聊聊；或者和剛結識的新朋友一起參加郊遊。

努力尋找童年時交友的感覺，信任他人和你自己，不要無時無刻都疑竇叢生。

二、學會對自己說：「沒關係」

孩子們常常發出無緣無故的笑聲，他們的煩惱從不悶在心裡。而我們則常常會被生活中各式各樣傷腦筋的事壓得喘不過氣來。

其實，生活中果真有那麼多的煩惱嗎？許多事並沒有什麼大不了的，只是我們把它放大了而已。要學會對自己說「沒關係」，這樣，我們的生活裡就會常常充滿開懷的笑聲。

三、順其自然地去生活

不要為一件事沒按計劃進行而煩惱，不要為某一次招待別人不夠周全而自怨自艾。如果你對每件事都精心策劃，以求萬無一失的話，你就不知不覺地把自己的感情緊緊封閉起來了。

應該重視生活中偶然的靈感和樂趣。快樂是人生一個重要的價值標準，有時能讓自己高興一下就行，不要整日只為了一個目的、為解決某一項難題而奔忙。

敞開心扉，擺脫孤寂感

冷漠孤獨就是自己感到與世隔絕，內心充滿孤單寂寞的心理狀態。這個過程也是個體在心理上、人格上逐步擺脫父母師長的過程。

由於每個人認識世界和處理問題的程度方式不一，孤獨在每個人心理上的表現也不一致。

愛因斯坦一生患有一種孤獨症，他曾經在《我的世界觀》一文中，坦率地自我解剖：「我實在是一個孤獨的旅客，我未曾全心全意地屬於我的國家、我的家庭、我的朋友，甚至我最親近的親人，在所有這些面前，我總感覺到有一定的距離並且需要保持孤獨，而這種感受正與日俱增。」

愛因斯坦的這種「孤獨感」正是一切偉大的科學家、哲學家的高貴氣質。他們總是在孤獨中觀察世界、思考人生，追求超越國界、超越時空的永恆。羅曼・羅蘭在談孤獨時說：「一個人越是與眾不同就越偉大，也就越孤獨。」正因為他們甘於孤獨寂寞，敢於與它們相守，不隨波逐流，才使他們超乎平庸之外，成為躍出人群的佼佼者。

在一定條件下，孤寂是難能的美德。

每個人需要在孤獨中，對自己有些過於單純幼稚的言語和行動進行解剖和檢查，對真實的自我做出肯定和批判。從這種意義上來說，孤獨是有積極意義的。

然而，一個長期被孤獨籠罩的人會影響心理成熟的過程，嚴重者心理會提前老化，或出現心理異常。如果這種孤獨是由於性格內向，不善交際，或是挫折感自卑感引起；或是以自我為中心觀念比較重，對夥伴、對父母師長內心深處有比較強烈的抗拒感，那就需要進行自我矯治。

如果你想擺脫孤獨，可以從以下三個方面去努力。

一、敞開心扉，主動與他人交往

人人都渴望得到別人的關心和愛，理解這一點是我們走出封閉世界的關鍵。在日常生活中，要嘗試與熟悉的、不熟悉的人打招呼、微笑，嘗試盡自己的力量幫助別人。

二、善於看到他人的長處

嘗試讚美別人的長處，嘗試去愛和欣賞每一個人，嘗試用寬容對待每一個人，是消解孤獨的一個很好的處方。這一良方會使你保持平和、滿足和自豪的心態。

青少年正處於邁向成人過渡的時期，對問題有了一定的理解和看法。這些看法往往很敏銳尖刻，鋒芒畢露，但往往也幼稚膚淺、受生活經驗的侷限，容易造成自己與他人的矛盾衝突。

在與人交往中能看到他人的長處，容忍他人的不足，在非原則問題上能相互理解和寬容，這樣才會有廣泛的交往和眾多的朋友。

三、擴大交際範圍，豐富業餘生活

經常與社會接觸，擴大生活領域。對一般的社交活動不迴避，培養參與意識。學會觀賞大自然，與大自然融為一體，會讓你心曠神怡。博覽群書，能使你懂得做人的道理，開拓眼界，豐富你的精神世界。

可以培養多種興趣和愛好，在音樂、繪畫、球類等多種活動中陶冶心情，排解孤獨。

用適當的方法化解累的感覺

隨著現代科技的發展和現代人際交往的繁複，肩上背負著重擔，而心理的壓力也逐漸增強，且煩惱對心理的壓迫比對軀體的壓迫更顯深刻。心理煩惱加上生理疲勞，構成了現代人普遍的心態——「活得累不累」，成為時下人們議論的焦點之一。時間對我們每一個人來講是一樣多的，你為什麼感到特別累呢？也許主要是因為處事無方或者不懂得用適當的方法去化解。

一、學會化解緊張的良策

緊張是快節奏時代的顯著特點，化解緊張是每個現代人必不可少的能力。比如，如果你工作或時間緊張，可提高自己的能力；如果你精神緊張，可調整自己的心態。

如果你工作緊張，請不要煩躁，不要忙亂，首先將工作分出八成的次要和兩成的主要，請優先做好這兩成有著關鍵作用的工作。在少了壓力的情況下，剩下八成的工作也會迎刃而解。然後，改善你的工作環境，調適你的情緒。讓緊張化解於愉快之中，以工作效率提高質量。有了效率又有質量，即使工作還很艱苦繁重，也會感到一絲輕鬆。

如果你時間緊湊，那麼，優化程序可以節省時間，花錢代勞可以騰出時間，搭車代步可以爭取時間，學習先進技術可以縮短時間，超前安排可以贏得時間，時間可以永遠是你的奴隸。

二、不要試圖追求完美

如果你做了還感到不好，改了還感到不快樂，考了九十九分還嫌不是一百分，那麼，你是在追求完美——這一定會「累」。

我們每個人的選擇都是有限的，你選擇了這些，就等於拋棄了另一些。你既要年輕漂亮又想成熟老練，既要熱情單純又要穩重、深沉；你既要狂熱輝煌又想恬靜舒適，既想權力處在頂峰又不想承擔一點風險，這種心理，怎能不累？有缺憾正是生命的一大特點。

不妨放下「面子」，若是你能耍點聰明笑笑他人，又願意裝點愚蠢讓他人笑笑，世界會變得很明媚，你也會變得很輕鬆。

三、學會輕鬆地與人交往

人都有自己的思想，思想是最活躍的。你不可妄想以自己的想法去雕刻別人，讓別人來附和你的心願，更不可指望對方摒棄以往的習慣與你合流為一。

誰都不願意被別人隨意雕刻成一個失去個性的人，倒是每個人都希望自己能夠被欣賞。倘若你用愛的目光去撫視對方，你會發現每個人其實都是精巧的藝術品。他的直面批評，原來是心直口快，不會耍心機；他的牢騷，原來是在反映壓抑多時的要求；他的投機取巧恰巧反映了他的機靈和你所訂規章的漏洞；他的多管閒事正好表現了他的熱心。

四、不必太注意別人的臉色

小孩是注意大人的臉色行事的，因為孩子幼稚，奴才是根據主人的臉色行事的，因為奴才的命運操縱在主人手裡。誰願意永不成熟，誰願意將命運交到別人手中？

我們並不可能讓每一個人都高興，他的臉色不好，也許只是他的一種病態，也許他並沒有衝著你而來，也許雖然做給你看，但全是誤會。你為什麼將命運的一半交給他呢？

謝謝您購買 選擇不抱怨，拒當顧人怨！ 這本書！

即日起，詳細填寫本卡各欄，對折免貼郵票寄回，我們每月將抽出一百名回函讀者寄出精美禮物，並享有生日當月購書優惠！

想知道更多更即時的消息，歡迎加入"永續圖書粉絲團"

您也可以利用以下傳真或是掃描圖檔寄回本公司信箱，謝謝。

傳真電話：（02）8647-3660　　信箱：yungjiuh@ms45.hinet.net

☺ 姓名：　　☐男　☐女　　☐單身　☐已婚

☺ 生日：　　☐非會員　　☐已是會員

☺ E-Mail：　　電話：（　）

☺ 地址：

☺ 學歷：☐高中及以下　☐專科或大學　☐研究所以上　☐其他

☺ 職業：☐學生　☐資訊　☐製造　☐行銷　☐服務　☐金融

☐傳播　☐公教　☐軍警　☐自由　☐家管　☐其他

☺ 您購買此書的原因：☐書名　☐作者　☐內容　☐封面　☐其他

☺ 您購買此書地點：　　金額：

☺ 建議改進：☐內容　☐封面　☐版面設計　☐其他

您的建議：

廣 告 回 信
基隆郵局登記證
基隆廣字第 57 號

新北市汐止區大同路三段一九四號九樓之一

大拓文化事業有限公司收

請沿此虛線對折免貼郵票，以膠帶黏貼後寄回，謝謝！